RUDOLF STEINER GESAMTAUSGABE
VORTRÄGE

VORTRÄGE ÜBER DAS SOZIALE LEBEN
UND DIE DREIGLIEDERUNG DES SOZIALEN ORGANISMUS

AUFGABEN
EINER NEUEN WIRTSCHAFTSWISSENSCHAFT

I
Nationalökonomischer Kurs

II
Nationalökonomisches Seminar

RUDOLF STEINER

Nationalökonomisches Seminar

Sechs Besprechungen mit den Teilnehmern
am Nationalökonomischen Kurs in Dornach
vom 31. Juli bis 5. August 1922

1986

RUDOLF STEINER VERLAG
DORNACH/SCHWEIZ

Nach vom Vortragenden nicht durchgesehenen Nachschriften
herausgegeben von der Rudolf Steiner-Nachlaßverwaltung

Die Herausgabe besorgten Folkert Wilken und Wolfram Groddeck

1. Auflage Nationalökonomisches Seminar. Studienmaterial zur
Sozialwissenschaft, I. Band (Vervielfältigung), Dornach 1932

2. Auflage, Gesamtausgabe Dornach 1973

3. Auflage, Gesamtausgabe Dornach 1986

Bibliographie-Nr. 341

Zeichen auf dem Einband nach einer Originalzeichnung Rudolf Steiners

Printed in Switzerland by Schüler AG, Biel

ISBN 3-7274-3410-4 (Ln)   ISBN 3-7274-3411-2 (Kt)

Zu den Veröffentlichungen aus dem Vortragswerk von Rudolf Steiner

Die Grundlage der anthroposophisch orientierten Geisteswissenschaft bilden die von Rudolf Steiner (1861–1925) geschriebenen und veröffentlichten Werke. Daneben hielt er in den Jahren 1900 bis 1924 zahlreiche Vorträge und Kurse, sowohl öffentlich wie auch für die Mitglieder der Theosophischen, später Anthroposophischen Gesellschaft. Er selbst wollte ursprünglich, daß seine durchwegs frei gehaltenen Vorträge nicht schriftlich festgehalten würden, da sie als «mündliche, nicht zum Druck bestimmte Mitteilungen» gedacht waren. Nachdem aber zunehmend unvollständige und fehlerhafte Hörernachschriften angefertigt und verbreitet wurden, sah er sich veranlaßt, das Nachschreiben zu regeln. Mit dieser Aufgabe betraute er Marie Steiner-von Sivers. Ihr oblag die Bestimmung der Stenographierenden, die Verwaltung der Nachschriften und die für die Herausgabe notwendige Durchsicht der Texte. Da Rudolf Steiner aus Zeitmangel nur in ganz wenigen Fällen die Nachschriften selbst korrigieren konnte, muß gegenüber allen Vortragsveröffentlichungen sein Vorbehalt berücksichtigt werden: «Es wird eben nur hingenommen werden müssen, daß in den von mir nicht nachgesehenen Vorlagen sich Fehlerhaftes findet.»

Nach dem Tode von Marie Steiner (1867–1948) wurde gemäß ihren Richtlinien mit der Herausgabe einer Rudolf Steiner Gesamtausgabe begonnen. Der vorliegende Band bildet einen Bestandteil dieser Gesamtausgabe. Soweit erforderlich, finden sich nähere Angaben zu den Textunterlagen am Beginn der Hinweise.

INHALT

ERSTE SEMINARBESPRECHUNG, Dornach, 31. Juli 1922 9

Das volkswirtschaftliche Denken ist nicht mehr schöpferisch, sondern nur noch betrachtend. Die wirklichkeitsgemäße Methode des wirtschaftlichen Denkens ist die charakterisierende Begriffsbildung, nicht die juristische. Weder deduktive, theoretisch ableitende, noch induktive, nur Tatsachen beschreibende Methode. Volkswirtschaftliche Inspirationen und symptomatische Betrachtung. Das Wirklichkeitsgemäße der «Kernpunkte der sozialen Frage». Bedingte Gültigkeit des ehernen Lohngesetzes von Lassalle. Die rekurrierende Methode: Von der Qualität der Wirkungen zu den Ursachen geführt werden. Rentenbildende Wirkung der Inflation für den Staat.

ZWEITE SEMINARBESPRECHUNG, 1. August 1922 27

Entsprechungen im volkswirtschaftlichen und physikalischen Prozeß. «Anerkennung» – keine volkswirtschaftliche Kategorie. Biologisches Denken in der Volkswirtschaft: Aufbau – Abbau; Wertebildung – Wertevernichtung. Wert ist eine Funktion aus Arbeit mit Naturobjekt. Kopf- und Handarbeit kein eigentlicher Gegensatz. Gegensatz von Arbeit im physikalischen und im volkswirtschaftlichen Sinn. Verwertung der überschüssigen Arbeitszeit.

DRITTE SEMINARBESPRECHUNG, 2. August 1922 40

Das Wesen der Politik. Was ist «wirkliche» Politik? Das Schneiderbeispiel illustriert die Arbeitsteilung zwischen Produzenten und Händlern. Arbeitsteilung bedeutet Fruktifizierung der Arbeit. Die Beziehung zwischen Konsumenten und Produzenten kann nur durch eine assoziative Gliederung überschaubar werden. Preisverhältnisse zwischen Landwirtschaft und Industrie. Die Arbeitsteilung und ihre Grenzen. Die notwendige Zahl von Händlern und ein Zuviel oder Zuwenig. Dreigliederung der Städteverfassung.

VIERTE SEMINARBESPRECHUNG, 3. August 1922 51

Erklärung des Wesens der Arbeit. Werteschaffung und Entwertung des Geschaffenen. Ein Konsum-Akt ist nicht Arbeit im volkswirtschaftlichen Sinne. Kriege entwerten. Die Zerstörungsarbeit der Kriegsindustrie. Der allgemeine wirtschaftliche Begriff der Arbeit:

Das konsumfähige Produkt; der volkswirtschaftliche Wert der Arbeit: Nach dem Prinzip der Gegenseitigkeit. Die an das Objekt gebundene Arbeit und die sich vom Objekt befreiende Arbeit, die freie geistige Arbeit. Im alten Rom die Kompensation der Überproduktion durch Brot und Spiele. Entwertende Funktion der Schenkung.

FÜNFTE SEMINARBESPRECHUNG, 4. August 1922 64

Geldwesen: Geldwert, Goldwährung, Valutaelend, Zahlungsbilanz, Leihen und Schenken. Personalkredit muß den Realkredit ersetzen. Aus dem großen Leihen muß ein Schenken entstehen. Diskrepanz zwischen Gold- und Papierwährung führte zum Sturz der deutschen und der österreichischen Valuta. Geldformen in der Bauernwirtschaft, Volkswirtschaft, Weltwirtschaft. Nominalisten und Metallisten haben beide recht, je nach den Verhältnissen. Produktionsmittel als Ware und Rückfall in die bloße Natur. Kapital als Agens in der Unternehmung. Lohn- und Preisspirale. Richtige Löhne nur in der assoziativen Wirtschaft möglich.

SECHSTE SEMINARBESPRECHUNG, 5. August 1922 77

Abnützung des Geldes und deren Realisierung. Unterschied zwischen der Kaufkraft und der volkswirtschaftlichen Verwertungskraft. In der Zeit abnehmende Verwertungskraft, am Ende Schenkgeld. Das althebräische Jubeljahr. Währung und Geltungswert des Geldes durch die Menge der brauchbaren Produktionsmittel. Die begrenzte Lebensdauer der Produktionsmittel korrespondiert mit der assoziativ zu begrenzenden Lebensdauer des Geldes. Banken für Schenkungsgelder und Banken für Arbeitseinkommen. Widerstreit volks- und weltwirtschaftlicher Tendenzen im Angelsachsentum. Weltwirtschaft und politische Intentionen. Menschliche und soziale Dreigliederung.

Hinweise 91

Personenregister für Band I und II 94

Stichwortverzeichnis für Band I und II 95

Anhang: Inhaltsübersicht zu Band I 105

Übersicht über die Rudolf Steiner Gesamtausgabe 109

VORBEMERKUNG

Im Juli/August 1922 hielt Rudolf Steiner in Dornach auf Wunsch einer Anzahl von Studenten der Volkswirtschaft einen «Nationalökonomischen Kurs» in vierzehn Vorträgen. Dieser Kurs bildet innerhalb der Rudolf Steiner Gesamtausgabe unter dem gleichnamigen Titel den Teil I der Reihe «Aufgaben einer neuen Wirtschaftswissenschaft».

Die hier veröffentlichten sechs Seminarbesprechungen fanden in dem selben Teilnehmerkreis zur Zeit des Kurses statt. Sie vermitteln neue und ergänzende Aspekte zu den in den Kursvorträgen behandelten Inhalten, deren Kenntnis jedoch für eine Beschäftigung mit dem vorliegenden Bande Voraussetzung ist.

ERSTE SEMINARBESPRECHUNG

Dornach, 31. Juli 1922

Frage: Die «Kernpunkte» erscheinen zwar «logisch in sich geschlossen», aber es ist das Kriterium «wirklichkeitsgemäß oder nicht» in den «Kernpunkten» nicht zu finden.

Rudolf Steiner: Es wäre gerade gut, wenn die Freunde sich über diesen Punkt noch etwas deutlicher aussprechen würden. Sie müssen bedenken, daß die Volkswirtschaftslehre als solche eigentlich ein sehr junges Denken ist, kaum einige Jahrhunderte alt, und daß auf dem Gebiete des volkswirtschaftlichen Lebens sich eigentlich bis zu den großen Utopisten alles mehr oder weniger instinktiv abgespielt hat. Dennoch waren diese instinktiven Impulse, die man hatte, etwas, was in die Wirklichkeit übergegangen ist.

Um ein genaueres Verständnis zu gewinnen, bedenken Sie nur das Folgende. Heute sagen die Leute vielfach: Was wir über das Wirtschaftliche denken können, geht eigentlich aus den wirtschaftlichen Klassengegensätzen hervor, aber auch aus der wirtschaftlichen Arbeitsweise und so weiter. Ich will nicht einmal auf das Allerextremste sehen, wie Marx und seine Anhänger das vertreten. Sondern sogar schon stark ins Bürgerliche spielende Volkswirtschaftslehrer reden davon, daß eigentlich alles aus den ökonomischen Grundlagen wie mit automatischer Notwendigkeit hervorgeht. Dennoch, wenn dann die Leute die einzelnen konkreten Dinge besprechen, so ist es so, daß die konkreten Einrichtungen, die in Aktion getreten sind, um das heutige Wirtschaftsleben hervorzubringen, nichts anderes sind als Ergebnisse des mittelalterlichen Denkens selbst, gewiß im Zusammenhang mit den verschiedenen Realitäten. Aber bedenken Sie nur, was der römische Eigentumsbegriff, also eine rein juristische Kategorie, für eine Gestaltung hervorgerufen hat und was da wieder entstanden ist an Wirtschaftlichem durch diesen Begriff. Man sieht, daß diese Dinge nicht wissenschaftlich behandelt worden sind, daß aber die juristischen, aber auch als juristische schon wirtschaftlich gedachten Kategorien gestaltend gewirkt haben. Nun sind die Merkantilisten und so weiter gekommen, die nun keine schöpferischen Menschen waren, die theoretische Menschen waren. Man kann zum Beispiel sagen, die Ratgeber des Kaisers *Justinian,* die den Kodex des Corpus Juris geschaffen haben, waren viel schöpferischere Menschen als die späteren Volkswirtschaftslehrer. Diese Leute haben tatsächlich nicht bloß in unserem heutigen Sinn einen Justinianischen Kodex geschaffen, sondern im weiteren Fortgang der mittelalterlichen Entwickelung sehen wir die gegensätzlichen Impulse gerade auf Grundlage dessen sich entwickeln, was in dieser Justinianischen Gesetzgebung festgelegt worden ist.

Und so sind wir in die neue Zeit heraufgekommen zu Menschen, die in ihrem Denken volkswirtschaftlich nicht mehr schöpferisch sind, sondern nur betrachtend. Diese Betrachtung setzt eigentlich so recht ein bei *Ricardo.* Nehmen Sie zum Beispiel das Gesetz vom sinkenden Bodenertrag. Das ist so recht ein Gesetz, das eben richtig ist, aber absolut nicht wirklichkeitsgemäß. Denn die Praxis wird fortwährend zeigen, daß zwar, wenn man alle die Faktoren in Betracht zieht, die Ricardo in Betracht gezogen hat, richtig das folgt, was er das Gesetz vom sinkenden Bodenertrag genannt hat, aber in dem Augenblick, wo auf der anderen Seite technisch intensivere Bewirtschaftung auftritt, wird diesem Gesetz ein Strich durch die Rechnung gemacht. Es bewahrheitet sich nicht in der Wirklichkeit.

Nehmen Sie etwas anderes, etwas, was trivialer ist. Nehmen Sie das «eherne Lohngesetz» von *Lassalle.* Ich muß gestehen, ich empfinde es als einen gewissen wissenschaftlichen Leichtsinn, daß man immer noch verzeichnet findet, dieses Gesetz sei «überwunden», denn die Dinge bewahrheiten sich nicht. Die Sache ist nämlich so: Es kann aus der Denkweise des Lassalle heraus und aus der Anschauung, daß Arbeit bezahlt werden kann, nichts Richtigeres erfolgen als dieses eherne Lohngesetz. Es ist so logisch streng, daß man sagen kann: Absolut richtig ist, wenn man so denkt, wie Lassalle denken mußte, daß niemand ein Interesse hat, dem Arbeiter mehr Lohn zu geben, als daß gerade noch der Lebensunterhalt des Arbeiters möglich ist. Er wird ihm nicht mehr geben, selbstverständlich. Gibt er ihm aber weniger, so wird der Arbeiter verkümmern, und das muß derjenige, der den Lohn bezahlt, büßen. Es ist im Grunde genommen gar nicht auszukommen, ohne theoretisch das eherne Lohngesetz zuzugeben. Schon innerhalb des Proletariats selber sagen die Leute: Das eherne Lohngesetz ist falsch, denn es ist nicht richtig, daß sich in den letzten Jahrzehnten der Lohn eben auf einem gewissen Minimum, das zugleich sein Maximum wäre, erhalten hat. Ja, aber warum ist das eherne Lohngesetz von Lassalle falsch? Hätten die Verhältnisse fortgedauert, unter denen er es aufgestellt hat – ich will also sagen, die Verhältnisse von 1860 bis 1870 –, hätte man weiter gewirtschaftet unter der rein liberalistischen Anschauung, so wäre das eherne Lohngesetz mit absoluter Richtigkeit in die Wirklichkeit hineingekommen. Man hat es nicht getan, man hat eine Umkehr vollzogen von der liberalistischen Wirtschaft und bessert heute fortwährend das eherne Lohngesetz aus, indem man Staatsgesetze macht, welche eine Korrektur der Wirklichkeit bewirken, die aus dem Gesetz hervorgegangen wäre.

Also Sie sehen, ein Gesetz kann richtig sein und doch nicht wirklichkeitsgemäß. Ich kenne keinen Menschen, der ein größerer Denker war als Lassalle. Er war nur sehr einseitig. Er war schon ein sehr konsequenter Denker.

Wenn man einem Naturgesetz gegenübersteht, dann konstatiert man es. Wenn man einem sozialen Gesetz gegenübersteht, dann kann man es auch konstatieren, aber es ist nur als eine bestimmte Strömung gültig, und man kann es korrigieren. Insofern unsere Wirtschaft rein auf freier Konkurrenz beruht – und vieles ist noch da, das nur auf freier Konkurrenz beruht –, ist das eherne Lohngesetz gültig. Aber weil es unter diesen Voraussetzungen gültig wäre, muß man die Korrekturen mit der Sozialgesetzgebung, mit einer bestimmten Arbeitszeit und so weiter geben. Lassen Sie den Unternehmern vollständig freie Hand, so gilt das eherne Lohngesetz. Daher kann es in der Volkswirtschaft nicht die rein deduktive Methode geben. Die induktive hilft erst recht nichts. Sie hat *Lujo Brentano* befolgt. Wir können nur die wirtschaftlichen Tatsachen beobachten – sagt sie – und steigen dann allmählich zu dem Gesetze auf. – Ja, da kommen wir überhaupt zu keinem schöpferischen Denken. Das ist die sogenannte neuere Nationalökonomie, die sich die wissenschaftliche nennt. Die will eigentlich bloß induktiv sein. Aber mit ihr kommen Sie nicht vorwärts.

In der Volkswirtschaft brauchen Sie durchaus eine charakterisierende Methode, die die Begriffe dadurch zu gewinnen sucht, daß man von verschiedenen Ausgangspunkten kommt, sie zusammenhält, sie in Begriffen gipfeln läßt. Dadurch bekommt man einen bestimmten Begriff. Der wird wahrscheinlich, da man niemals den vollen Umfang der Tatsachen überschauen kann, sondern nur eine gewisse Summe von Erfahrungen hat, in gewissem Sinne einseitig sein. Jetzt gehen Sie mit dem Begriff noch einmal durch die Erscheinungen durch und versuchen ihn zu verifizieren. Da werden Sie sehen, daß das eigentlich ein Modifizieren ist. So kommen Sie, indem Sie charakterisieren, zu einem Begriff, den Sie verifizierend modifizieren, und Sie bekommen dann eine volkswirtschaftliche Anschauung. Nach Anschauungen müssen Sie hinarbeiten.

Eine solche Anschauung möchte ich jetzt in den Vorträgen des Nationalökonomischen Kurses herausarbeiten, indem ich Ihnen zeige, was alles immer eingreift in die Preisbildung. Die Methode in der Volkswirtschaft ist eben eine höchst unbequeme Methode, weil sie in Wirklichkeit darauf hinausläuft, daß man die Begriffe aus unendlich vielen Faktoren zusammensetzen muß. Sie müssen auf volkswirtschaftliche Imaginationen hinarbeiten! Mit denen erst können Sie vorwärtskommen. Wenn Sie sie haben und sie an etwas herankommen, dann modifizieren sie sich von selber, während es mit dem festen Begriff nicht leicht ist, ihn zu modifizieren.

Sie kennen das sogenannte Greshamsche Gesetz: Gutes Geld wird von schlechtem weggejagt. Wenn irgendwo schlechtes, unterwertiges Geld, unterwertig geprägtes Geld kursiert, so sticht es das Geld mit gutem Feingehalt aus, und das wandert dann in andere Länder. Auch dieses Gesetz ist ein induktives Gesetz, es ist ein reines Erfahrungsgesetz. Dieses Gesetz ist aber wiederum so, daß man auch sagen muß: Es hat nur so lange Gültigkeit, so lange man nicht in der Lage ist, dem Gelde seine Bedeutung zu sichern. In dem Augenblick, wo Sie durch Unternehmungsgeist in die Lage kämen, dem guten Geld sein Recht zu sichern, würde es modifiziert werden. Es würde nicht ganz aussterben. Es gibt kein volkswirtschaftliches Gesetz, das nicht bis zu einem gewissen Punkt gültig ist; aber sie werden alle modifiziert. Darum brauchen wir die charakterisierende Methode. In der Naturwissenschaft haben wir die induktive Methode, die höchstens bis zu Deduktionen kommt. Aber die Deduktionen haben im allgemeinen in der Naturwissenschaft viel weniger Bedeutung, als man denkt. Da hat eigentlich nur die Induktion Bedeutung.

Dann haben Sie die reinen Deduktionen, die etwa in der Jurisprudenz sind. Will man da induktiv vorgehen, so bringt man etwas in die Jurisprudenz hinein, was sie vernichtet. Wenn man die psychologische Methode in die Jurisprudenz hineinbringt, so löst man die Jurisprudenz auf. Da muß man jeden Menschen für unschuldig erklären. Es können vielleicht diese Methoden in die Wirklichkeit eingeführt werden, dann werden sie aber zur Untergrabung der juristischen Auffassung führen, die da ist. Also es mag schon berechtigt sein, aber Jurisprudenz ist es dann nicht mehr.

So können Sie in der Volkswirtschaft mit Deduktion und Induktion nicht zurechtkommen. Sie könnten mit der Deduktion nur zurechtkommen, wenn es möglich wäre, allgemeine Maßregeln zu geben, zu denen die Wirklichkeit selbst die Fälle herausschälen würde. Ich will nur diejenigen erwähnen, die rein deduktiv vorgehen wollen, allerdings mit einer Hauptinduktion, die sie an die Spitze stellen. *Oppenheimer* stellt zum Beispiel eine Hauptinduktion der Geschichte mit seinen Siedlungsgenossenschaften an die Spitze und deduziert davon eine ganze soziale Ordnung. Nun, vor vielen Jahren war es, da war Oppenheimer auch schon der Siedlungsmann und sagte: Jetzt habe ich das Kapital gekriegt, jetzt werden wir die moderne Kulturkolonie begründen! – Ich erwiderte ihm: Herr Doktor, wir wollen darüber reden, wenn sie zugrunde gegangen ist. – Sie mußte zugrunde gehen, weil es unmöglich ist, innerhalb der allgemeinen Wirtschaft ein kleines Gebiet zu begründen, das seine Vorzüge durch etwas anderes genießen würde, so daß es ein Parasit innerhalb des ganzen volkswirtschaftlichen Körpers wäre. Immer sind solche Unternehmungen Parasiten. Bis sie genug von den anderen gefressen haben, bleiben sie – aber dann gehen sie zugrunde.

Also, in der Volkswirtschaft können Sie nur, indem Sie mit dem Denken einrücken in die Erscheinungen, charakterisieren. Das kommt auch aus der Ursache heraus, weil man in der Volkswirtschaft auf Grundlage der Vergangenheit fortwährend in die Zukunft hinein arbeiten muß. Und da kommen einem, indem man in die Zukunft hineinarbeitet, die menschlichen Individualitäten mit ihren Fähigkeiten hinein, so daß man im Grunde genommen in der Volkswirtschaft nichts anderes tun kann, als auf dem Quivive stehen. Soll man ins Praktische eingreifen, so muß man bereit sein, seine Begriffe fortwährend zu modifizieren. Man hat es nicht mit Substanz zu tun, die man plastisch bilden kann, sondern mit lebendigen Menschen. Und das ist das, was die Volkswirtschaftslehre zu einer Wissenschaft besonderer Art macht, weil sie durchdrungen sein muß von der Wirklichkeit.

Theoretisch werden Sie das leicht einsehen können. Sie werden sagen: Es ist dann höchst unbequem, in der Volkswirtschaftswissenschaft zu arbeiten. Aber auch das möchte ich gar nicht so gelten lassen. Sie können unter Umständen, solange Sie noch auf dem Standpunkt stehen, daß Sie zum Beispiel Dissertationen schreiben wollen, sehr viel gewinnen, wenn Sie über irgendein Gebiet die einschlägige Literatur der letzten Zeit verfolgen und wenn Sie die einzelnen Ansichten vergleichen. Gerade in der Volkswirtschaftslehre gibt es die unglaublichsten Definitionen. Also versuchen Sie nur einmal nach den verschiedenen volkswirtschaftlichen Handbüchern oder auch größeren Abhandlungen die Definitionen von Kapital zusammenzustellen! Versuchen Sie sie – acht, zehn – hintereinander zu stellen! Mir fällt gerade jetzt eine ein: «Kapital ist die Summe der produzierten Produktionsmittel.» Ich muß sagen, ich verstehe nicht, was das Adjektiv dabei will. Das Gegenteil: unproduzierte Produktionsmittel – man könnte sich ja auch darunter etwas denken, zum Beispiel die Natur, also den Boden, und das wird der Betreffende auch meinen. Dann aber ist er natürlich außerstande, irgendwie zu rechtfertigen, wie nun doch der Boden sich kapitalisieren kann. Er kapitalisiert sich doch. Also es ist eigentlich nicht herauszukommen, und das beruht darauf, daß man solche Begriffe hat, die muß man aufsuchen und muß eben versuchen, sie dann irgendwie etwas reicher zu machen. Die Sachen sind alle zu eng.

Wenn Sie meinen, das Wirklichkeitsgemäße werde Ihnen schwer bei diesen Betrachtungen, so möchte ich sagen: Das Wirklichkeitsgemäße könnte eigentlich gerade leicht werden! Sie sagen: die «Kernpunkte» sind logisch in sich geschlossen. Das sind sie gar nicht, weder die «Kernpunkte» noch die anderen Sachen! Wobei ich betone, daß ich nicht rein volkswirtschaftlich sein wollte, sondern sozial und volkswirtschaftlich. Dadurch ist natürlich der ganze Stil und die Haltung dieser Schriften bedingt, so daß sie nicht durchaus rein volkswirtschaftlich bewertet werden können. Das können höchstens einzelne Aufsätze in den Dreigliederungsschriften. Aber logisch in sich geschlossen finde ich sie schon gar nicht, weil ich doch, vorsichtig genug, nur Richtlinien angegeben habe und Exempel oder eigentlich nur Illustrationen. Ich wollte ein Bewußtsein dafür hervorrufen, was dadurch erreicht wird, daß jemand ein Produktionsmittel nur so lange verwaltet, als er dabeisein kann; dann muß es übergehen auf den, der es selbst wieder verwalten kann. Ich kann mir gut denken, daß das, was dadurch erreicht werden soll, auf einem anderen Wege erreicht werden könnte. Ich wollte bloß Richtlinien angeben. Ich wollte zeigen, daß man einen Ausweg findet, wenn man diese Dreigliederung sachgemäß durchführt, wenn man tatsächlich das Geistesleben als solches befreit, wenn man das Rechtsleben auf demokratische Basis stellt, und wenn man das Wirtschaftsleben auf das Sachliche und Fachliche stellt, was in den Assoziationen vertreten werden kann. Und ich habe die Überzeugung, daß dann im Wirtschaftlichen schon das Richtige geschieht.

Ich sage, die Menschen werden das Richtige finden, die in der Assoziation darin sind. Ich möchte mit Menschen rechnen, und das ist das Wirklichkeitsgemäße. Eine Abhandlung über den «Begriff der Arbeit» würde so veranlagt werden müssen, daß Sie den Begriff der Arbeit nun wirklich finden im volkswirtschaftlichen Sinn. Dieser Begriff muß von allem befreit werden, was an der Arbeit nicht werteschaffend ist, und zwar nicht volkswirtschaftliche Werte schaffend ist. Das muß man zunächst also ausscheiden. Dadurch kommt man natürlich nur zu einer Charakteristik. Und diese charakterisierende Methode ist es, worauf es ankommt. Man muß das natürlich einmal methodologisch sagen.

Frage: Inwiefern ist Inspiration für volkswirtschaftliche Erkenntnis notwendig?

Rudolf Steiner: Das ist so gemeint, daß diese Inspiration, wenn man die Sache ernsthaft nimmt, eigentlich nicht so außerordentlich schwierig ist. Es handelt sich nicht darum, übersinnliche Tatsachen zu finden, sondern die Inspiration wirksam zu machen auf volkswirtschaftlichem Felde, so daß sie nicht besonders schwierig werden kann.

Die Art, wie man die Arbeit zu begrenzen hat, würde bedingen, daß ich davon ausgehe, zu zeigen: der Mensch kann Arbeit verrichten, ohne daß sie volkswirtschaftlichen Wert hat. Das ist eine Binsenwahrheit. Mit dem Reden kann sich einer furchtbar anstrengen, und es kommt dabei doch kein eigentlicher volkswirtschaftlicher Wert heraus. Dann würde ich zeigen, wodurch die Arbeit, auch wenn sie anfängt, eine volkswirtschaftliche Bedeutung zu haben, ihrem Werte nach modifiziert wird. Nehmen wir an, einer ist Holzhacker und verrichtet eine Arbeit, die tatsächlich werteschaffend ist, und einer ist Baumwollagent, hat also mit dem Holzhacken nichts zu tun, wird aber gerade unter seiner Arbeit nervös, so daß er jeden Sommer vierzehn Tage im Gebirge Holz hackt. Da wird die Sache komplizierter, denn an sich wird dieser Agent das gehackte Holz durchaus auch verwerten können, er wird etwas dafür einnehmen. Aber was er einnimmt, dürfen Sie dennoch nicht so bewerten, wie Sie die Arbeit des Holzhackers bewerten. Sie müssen unter Umständen annehmen, daß der Mann, wenn er nicht im Sommer die vierzehn Tage Holz hackt, im Winter weit weniger arbeiten kann als Agent. Da müssen Sie, von dieser Arbeit ausgehend, auch die Förderung bei ihm in Betracht ziehen. Der volkswirtschaftliche Wert des vom Baumwollagenten gehackten Holzes ist ganz gleich dem Wert des vom Holzhacker gehackten Holzes; aber der volkswirtschaftliche Effekt seiner Arbeit, der zurückfällt auf seine Tätigkeit, ist nun ein wesentlich anderer.

Wenn beim Agenten das Holzhacken darin seinen Wert hat, daß es auf seine Agententätigkeit zurückwirkt, dann muß ich untersuchen, ob es auch stimmt, wo einer sich auf ein Tretrad stellt und von einer Stufe zur anderen steigt und sich dadurch dünner macht. Das ist für ihn eine Anstrengung, für die Volkswirtschaft ist aber kein Effekt da. Es stimmt, aber ich muß hier unterscheiden, ob der Betreffende ein Rentier oder ein Unternehmer ist. Letzterer wird tüchtiger als volkswirtschaftliche Werte Schaffender.

Man muß allmählich charakterisierend die Sache herausarbeiten und dann, wenn man da immer weiter und weiter geht, bekommt man eben einen direkten Wert der Arbeit und einen indirekten, einen rückstrahlenden Wert der Arbeit. Auf diese Weise kommen Sie zu einer Charakteristik des Arbeitsbegriffes. Damit können Sie wieder zurückgehen zum gewöhnlichen Holzhacker und vergleichen, was das Holzhacken des Baumwollagenten im wirtschaftlichen Prozeß bedeutet neben dem des Berufsholzhackers. Man kann sich so immer von der einen Stufe zur anderen weitertreiben lassen und muß überall nachschauen, wie die Sache wirkt. Das nenne ich wirklichkeitsgemäß. Sie müssen zeigen, wie sich die Arbeit in den verschiedensten Lebensgebieten auslebt. Wie *Goethe* beim Begriff der Urpflanze: er hat natürlich ein Schema hingezeichnet, hat aber ein fortwährend sich Veränderndes gemeint. Volkswirtschaftliche Begriffe müssen im Leben fortwährend Metamorphosen unterworfen werden. Das ist es, was ich meine.

Sie werden natürlich nicht viel Glück mit solchen Begriffen haben. Die Dozenten lassen das heute nicht gelten, die wollen eine Definition haben. Aber ich habe nicht gefunden, daß der Arbeitsbegriff in den Volkswirtschaftslehren scharf erfaßt worden wäre. Man soll charakterisieren, nicht fortwährend negativ reden. Ich habe in volkswirtschaftlichen Auseinandersetzungen zum Beispiel gefunden, die Arbeit könne aus dem Grunde nicht maßgebend für den Preis sein, weil sie bei den einzelnen Personen entsprechend ihrer persönlichen Kraft verschieden ist. Negative Instanzen finden Sie schon verzeichnet. Aber das Positive fehlt, daß man dazu vorrückt, die Arbeit doch so zu charakterisieren, daß sie eigentlich ihren ursprünglichen substantiellen Charakter verliert und ihren Wert bekommt aus anderen

Positionen, in die sie hineingestellt wird. Wenn man so anfängt zu charakterisieren, dann verliert sich die Substanz; zuletzt bekommt man etwas, was ganz und gar in der volkswirtschaftlichen Struktur darinnen spielt.

Arbeit ist das volkswirtschaftliche Element, welches ursprünglich aus wirklicher menschlicher Anstrengung hervorgeht, das aber in den volkswirtschaftlichen Prozeß überfließt und dadurch nach den verschiedensten Richtungen hin den verschiedensten volkswirtschaftlichen Wert bekommt. Man sollte von den Prozessen sprechen, die zur Bewertung der Arbeit nach den verschiedensten Richtungen hinführen.

Die Inspiration beruht darauf, daß man darauf kommt, wie man von dem einen zum anderen vorrücken muß. Es kommt ein bißchen auf den Spiritus an, daß man gerade die richtigen Beispiele findet.

Frage: Ist nicht doch ein Oberbegriff notwendig? Auch bei der charakterisierenden Methode ist doch Gewicht zu legen auf die Ursachen, durch die es zu den beobachteten Wirkungen gekommen ist?

Rudolf Steiner: Was die Sache mit den Wirkungen betrifft, so bin ich damit einverstanden, daß man zu den Ursachen zurückkommen muß. Aber wie es schon auf gewissen Naturgebieten ist, daß man die Ursachen ja nicht anders findet, als daß man von den Wirkungen ausgeht, so ist es in höherem Grade auf volkswirtschaftlichem Gebiete der Fall, daß einem die Erkenntnis der Ursachen nichts hilft, wenn man sie nicht an den Wirkungen gewonnen hat. Zum Beispiel die ungeheuren Wirkungen der Kriegswirtschaft, die sind da. Würde man sie nicht kennen als Wirkungen, so würde man die Ursache dabei gar nicht bewerten. Es handelt sich also darum, daß man sich einen gewissen Sinn für die Qualität der Wirkungen aneignet, um zu den Ursachen aufsteigen zu können. Gewiß, man wird im Praktischen gerade zu den Ursachen aufsteigen müssen. Darauf beruht aber, was die Volkswirtschaftslehre für das Praktische will. Man lernt die Wirkungen werten, und indem man die Abwege der Wirkungen sieht, kommt man dazu, die Ursachen kennenzulernen und dann die Ursachen zu verbessern. Man hat nicht viel davon, daß man nur die

Ursachen kennenlernt. Man muß zu den Ursachen so kommen, daß man sagen kann: Ich kenne sie dadurch, daß ich von den Wirkungen ausgehe. – Eine Erkenntnis von so ungeheurer Tragweite, wie es das Sprachzentrum in der linken Gehirnhälfte ist, ist lediglich aus den Wirkungen her erkannt: Sprache verloren – linke Gehirnhälfte gelähmt. Sie erkennen zuerst die Wirkung. Dann werden Sie dazu geführt, überhaupt erst die Sache zu untersuchen. So ist diese rekurrierende Methode notwendig. ...

Frage: Ich kann nicht alles unter wirtschaftlichen Gesichtspunkten ansehen, was mit Kunst und Religion oder auch Sport zu tun hat. Davon kann man Teile unter wirtschaftlichem Gesichtspunkt betrachten, aber das Ganze doch nicht?

Rudolf Steiner: Ich fahre durch eine Gegend und finde in dieser Gegend außerordentlich kunstvolle Bauten – ich schildere damit natürlich eine Utopie. Das ist nicht nur künstlerische Anschauung. Diese kunstvollen Bauten sind nur auf Grundlage einer ganz bestimmten Wirtschaftslage möglich. Wenn ich durch eine Gegend fahre, wo sehr viele Kunstbauten sind, werde ich sofort ein Bild davon haben, wie da gewirtschaftet wird. Wenn ich dagegen durch eine Gegend fahre, wo selbst sogenannte schöne Bauten geschmacklos sind, so werde ich davon Vorstellungen über die Wirtschaftslage der betreffenden Gegend bekommen. Und wenn ich sogar nur Utilitätsbauten finde, werde ich Vorstellungen über die Wirtschaftslage der betreffenden Gegend bekommen. Wo ich Kunstbauten finde, kann ich darauf schließen, daß da höhere Löhne bezahlt werden als da, wo ich keine Kunstbauten finde. – So kann ich mir nicht vorstellen, daß irgend etwas nicht als wirtschaftlich betrachtet werden kann. Alles bis in die höchsten Gebiete hinauf muß wirtschaftlich betrachtet werden. Wenn ein Engel heute auf die Welt herunterkäme, so müßte er entweder bloß im Traum erscheinen, dann würde er nichts ändern; sobald er aber den Leuten nur im Wachen erscheint, würde er schon in das Wirtschaftsleben eingreifen. Er kann gar nicht anders.

Einwand: Ich gebe zu, daß man es unter wirtschaftlichem Gesichtspunkt betrachten kann – aber nur kann! Man kann es aber doch auch von anderen Gesichtspunkten aus betrachten.

Rudolf Steiner: Sie kommen in einen Zirkel hinein. Das ganze, was man sagen kann, ist dieses: daß man nötig hat, für die Betrachtung zunächst den wirtschaftlichen Gesichtspunkt zugrunde zu legen. Das hat nur einen heuristischen Wert, einen Wert des Forschens, des Untersuchens. Aber wenn Sie erschöpfend eine wirklichkeitsgemäße Volkswirtschaftslehre finden wollen, werden Sie nicht darum herumkommen, die wirtschaftlichen Effekte von allen Seiten her zu charakterisieren. Sie müssen charakterisieren, was es für einen Einfluß auf das Wirtschaftsleben eines Gebietes hat, ob es hundert ausgezeichnete Maler hat oder nur zehn. Es läßt sich sonst kaum denken, daß das Wirtschaftsleben umfaßt werden kann. Ich hätte sonst nicht so stark insistiert auf diesem Herausheben. Gerade dadurch, daß man eben heraushebt, kommt man immer zu Definitionen, die auf irgendeinem Gebiete doch im Grunde genommen nicht gelten, oder die man ungemein pressen muß. Es ist tatsächlich unmöglich, das Einkommen zu definieren, das ein Mensch haben sollte, indem man etwa darauf aufmerksam macht, daß er Anspruch hat auf dasjenige, «was er selber produziert». Es gibt sogar diese Definition: Jemand hat Anspruch auf das, was er selber produziert. Es scheint ganz nett zu sein, wenn man eine solche Definition macht. Auf einem gewissen Felde ist es richtig. Der Kloakenräumer könnte aber nicht viel damit anfangen. Es handelt sich darum, daß man bei der Volkswirtschaft nicht etwas herausheben sollte aus der Summe der Erscheinungen, sondern durch die ganze Summe durchgehen sollte. Man muß sich bewußt sein: Ich beginne volkswirtschaftlich zu denken, weil ich da denen helfen kann, die es nicht können. Aber man muß sich auch bewußt sein, daß das volkswirtschaftliche Denken gerade den Anspruch erheben muß, ziemlich total zu sein, ein Denken sehr umfassender Art zu sein. Juristisch ist viel leichter zu denken. Die meisten Volkswirtschafter denken stark juristisch.

Frage: Über das «Normale» in der Volkswirtschaft gehen die Meinungen so weit auseinander, daß man überhaupt nicht weiß, was normal ist?

Rudolf Steiner: Ich lege keinen Wert darauf, mit diesen Auffassungen von «normal» und «abnorm» zu konkurrieren. Es gibt das

Sprichwort: Es gibt nur eine Gesundheit und unzählige Krankheiten. – Ich erkenne das nicht an. Jeder Mensch ist auf seine eigene Art gesund. Leute kommen und sagen: Da ist ein Herzkranker, der hat diesen und jenen kleinen Fehler, den soll man kurieren. – Ich habe oft gesagt: Lassen Sie dem Menschen seinen kleinen Fehler. – Es brachte mir ein Arzt einen Kranken, der hatte das Nasenbein so unglückselig verletzt, daß er nun einen Nasengang verengt hat und so wenig Luft bekommt. Der Arzt sagte: Das muß operiert werden, das ist eine furchtbar leichte Operation. – Ich sagte: Lassen Sie die Operation! Der hat eine Lunge, die so konstruiert ist, daß er nicht mehr Luft bekommen darf; es ist ein Glück für ihn, daß er einen verengten Nasengang hat. So kann er noch zehn Jahre leben. Wenn er eine normale Nase hätte, dann würde er ganz gewiß in drei Jahren tot sein. – Ich lege also keinen großen Wert auf «normal» und «nicht normal». Nur das Trivialste verstehe ich darunter. Ich sage sehr häufig: ein normaler Bürger, eine normale Bürgerin. Da wird man schon verstehen, was ich meine.

Es wird nach dem Wert der Statistik gefragt.

Rudolf Steiner: Es ist richtig, daß die Statistik sehr viel helfen kann. Aber die statistische Methode wird heute äußerlich angewendet. Es stellt einer eine Statistik auf über die Zunahme des Häuserwertes auf einem gewissen Gebiet und dann über diejenige eines anderen Gebietes, und stellt sie nebeneinander. Das ist aber nicht gut. Sicher wird es erst, wenn man die Vorgänge als solche untersucht. Dann weiß man, wie man eine solche Zahl zu bewerten hat. Denn es kann irgendeinmal eine Zahlenreihe einfach dadurch etwas Besonderes darstellen, daß ein außerordentliches Ereignis in die Reihe sich eingefügt hat. ...

Frage: Tritt beim Zusammentragen von Zahlen auch Inspiration ein?

Rudolf Steiner: Inspiration tritt da auch insofern ein, als Sie, wenn Sie eine Reihe haben, eine zweite Reihe, eine dritte, dann herausbekommen – jetzt wiederum durch den Spiritus –, welche Tatsachen, wenn Sie sie qualitativ betrachten, in der ersten Reihe modifiziert werden durch entsprechende Tatsachen, sagen wir in der dritten Reihe. Dadurch heben sich vielleicht gewisse Zahlenwerte auf. In der geschichtlichen Methode nenne ich das die symptomatologische Betrachtung. Man muß die Möglichkeit haben, die Sachen zu werten und eventuell die sich widersprechenden Dinge richtig gegeneinander abzuwägen.

Gerade die Volkswirtschaftslehre wird zuweilen in einer überaus unobjektiven Weise betrieben. Man hat das Gefühl, daß die Statistik so gehandhabt wird, daß zum Beispiel die Bilanzgestaltung bei den Finanzministern der verschiedenen Länder unter parteipolitischen Gesichtspunkten so oder so getroffen wird. Da wo einer eine bestimmte Parteirichtung belegen will, wird tatsächlich das Zahlenmaterial verwendet, das ebensogut eine andere belegen kann. Es nützt nichts anderes, als in der Seele unbefangen zu sein. Da kommt wirklich etwas Elementarisches, Ursprüngliches in Betracht. Bei aller Wissenschaft, die es mit dem Menschlichen zu tun hat – ja schon wenn Sie eine Wissenschaft aufführen wollen, die dazu führt, daß Sie Tiere behandeln lernen, zähmen lernen –, da müssen sich Ihre Begriffe modifikabel erweisen. Und das erst recht in der Volkswirtschaft. Da tritt die Inspiration ein. Die muß man schon haben. Nehmen Sie mir das nicht übel, wenn ich das trocken ausspreche.

Ich bin überzeugt davon, es würden viel mehr der heute Studierenden diese Inspiration haben – denn sie ist nicht so etwas schrecklich in nebulosen mystischen Höhen Schwebendes –, wenn man sie nicht eigentlich in der Schule grundsätzlich ausgetrieben bekäme, schon im Gymnasium und in der Realschule. – Wir haben heute die Aufgabe, wenn wir an der Universität sind, uns zurückzuerinnern an das, was uns im Gymnasium ausgetrieben worden ist, um in einen lebendigen Betrieb der Wissenschaft hineinzukommen. Sie wird heute furchtbar tot betrieben. Mir ist in einem fremden Lande passiert, daß ich mit einer Anzahl volkswirtschaftlicher Dozenten gesprochen habe. Die sagten: Wenn wir unsere Fachkollegen in Deutschland besuchen wollen, so sagen diese: Ja, kommen Sie, aber nur ja nicht in meine Vorlesung, besuchen Sie mich zu Hause! – Man braucht heute wirklich einen unbefangenen Einblick in diese Dinge. ... Diese Volkswirtschaftslehre ist besonders in letzter Zeit heruntergekommen. Es hängt wirklich alles damit zusammen, daß die Menschen dieses Schöpferische des Geistigen verloren haben. Heute muß schon der Mensch wirklich mit der Nase darauf gestoßen werden, wenn er eine Tatsache glauben soll.

Man kann jetzt in den Zeitungen Artikel über die geistige Blokkade in Deutschland lesen. Selbstverständlich, die hat sich seit langer Zeit gebildet. Wenn wir heute die Zeitschrift «Das Goetheanum» nach Deutschland liefern wollen, so müssen wir beim Selbstkostenpreis ein Exemplar zu achtzehn Mark liefern! Denken Sie an die technischen, medizinischen Fachzeitschriften! Sie sind unmöglich zu beziehen. Denken Sie an die Kulturfolgen! Das ist auch eine volkswirtschaftliche Frage. Deutschland hat eine geistige Blockade. ... Der Entzug dieser Zeitschriften ist direkt dasjenige, was zur Verdummung in Deutschland führen müßte. ... In Deutschland hat es wirtschaftlichen Charakter, in Rußland hat das schon Staatscharakter angenommen, da können Sie nichts mehr lesen, was nicht von der Sowjetregierung selber verkauft wird. Die Menschen werden zum reinsten Abklatsch des Sowjetsystems. Höchstens können Sie da oder dort ein Buch einschwindeln.

Frage: Ist es nicht nützlich, bei der Beobachtung der volkswirtschaftlichen Wirkungen nicht in erster Linie von der Statistik auszugehen, sondern von der Beobachtung der Tatsachen, die vorliegen?

Rudolf Steiner: Man braucht diese Betrachtungsweise, auch wenn man die Statistik zu Rate zieht. Durch die Statistik ist man nur in der Lage, die Dinge zahlenmäßig zu belegen. Es ist klar, wenn man jetzt nach Wien kommt, dann braucht man nur durch die Straßen zu gehen und die Erfahrungen zu sammeln. Sie brauchen nur zu betrachten, in welchen Wohnungen Ihre Bekannten vor zehn Jahren gelebt haben und in welchen sie jetzt leben. Und so Stück für Stück. Solche Beobachtungen können Sie von der furchtbarsten Art machen. Sie können sich überzeugen, daß eine ganze Mittelschichte ausgelöscht ist, die im Grunde genommen nur noch lebt – ja, weil sie noch nicht gestorben ist. Sie lebt ökonomisch nicht, denn wenn man sieht, wovon sie lebt, so ist es furchtbar. Davon wird man ausgehen, aber es wird einem noch immer die Zahl zum Beleg außerordentlich wichtig sein können.

Man muß einen gewissen «Riecher» haben; denn wenn man die Sachen zahlenmäßig belegen kann, so führen einen die Zahlen wiederum ein Stückchen weiter. Zum Beispiel die Entwertung der Krone in Österreich: Es ist ja lächerlich, wie wenig die Krone heute bedeutet, aber es kann nicht irgendein Wert heruntergehen, ohne daß von anderem etwas weggenommen wird. Wenn Sie nun gerade die Opfer der Valuta aufsuchen, so sind diese bei denjenigen zu finden, deren Renten und ähnlichen Bezüge herunterbewertet worden sind. Hier kann man mit der Rechnung nachgehen, und das Merkwürdige ist, daß die Rechnung heute schon nicht mehr für Österreich, geschweige denn für Rußland stimmen könnte. Österreich müßte das Recht haben, da alles schon erschöpft ist, die Krone noch weiter abzuwerten, und es erklärt dennoch nicht den Staatsbankerott. Das ist natürlich nur zu erreichen, durch die auf irgendeine Weise hervorgerufene Blockade. In dem Augenblick, wo Sie diese Blockade aufheben, müssen die Leute ganz andere Maßregeln ergreifen. ...

Frage: Kann der Staat, solange Vermögen da ist, dieses Vermögen durch die Geldvermehrung an sich reißen?

Rudolf Steiner: Gewiß kann der Staat durch die Geldvermehrung existieren, aber wenn dieser Punkt erreicht ist, daß die Rente aufgebraucht ist, wenn sie nicht künstlich erhalten wird, könnte er eigentlich wirtschaftlich nicht mehr bestehen, auch wenn er weitere Banknoten fabriziert, denn die weitere Banknotenfabrikation müßte dahin führen, daß jede Verdoppelung zu einer Steigerung ins Unendliche führen würde. Der Staat muß sich immer mehr und mehr abschließen.

Frage: Lebt der Staat nicht vom volkswirtschaftlichen Kapital selbst, das in den Unternehmungen drinnensteckt?

Rudolf Steiner: Ja, aber von dem, was darin Rente ist.

Frage: Ja, ich meine, er saugt das Kapital heraus. Das Kapital vermindert sich?

Rudolf Steiner: Insofern das Kapital Rentencharakter trägt. Denn wenn der Staat es aufsaugt, dann trägt es diesen Charakter. Der Staat kann gewiß leben, kann aber nicht mehr wirtschaften. Das ist keine Wirtschaft mehr. Er kann bloß leben von dem, was schon erwirtschaftet ist; er zehrt nur noch vom Alten. Man lebt tot die Rente. In Österreich müßte der Punkt längst erreicht sein, wo die Rente tot ist. In Deutschland ist es noch lange nicht so weit. Ganz sicher könnte es in Österreich auch nicht weitergehen, wenn nicht gewisse Zwangsgesetze da wären, zum Beispiel in bezug auf die Miete. Da zahlen sie eigentlich nichts – ich glaube etwa fünfundzwanzig Centimes für eine Dreizimmerwohnung. Nur dadurch lassen sich die Dinge halten, daß man gewisse Dinge umsonst hat. In Deutschland ist es auch so, daß man für seine Wohnung vielleicht nur ein Zehntel zahlt. Durch solche Dinge lassen sich in einer gewissen Gesellschaftsklasse, die überhaupt bis zu dem Punkt bezahlen kann, die Sachen halten. In Österreich ist es mit einer gewissen Gesellschaftsklasse so weit heruntergekommen, daß sie auch nicht mehr die fünfundzwanzig Centimes bezahlen kann. Leute, die ein Einkommen, sagen wir, von dreitausend Kronen hatten, konnten unter Umständen davon leben; heute ist das etwas über einen englischen Schilling. Nicht wahr, da kann man nicht leben!

Heute sind die wirtschaftlichen Erscheinungen tatsächlich so furchtbar, daß die Leute schon aufmerksam darauf werden könnten, daß man nun eigentlich die wirtschaftlichen Gesetze studieren sollte, und zwar so, daß es praktisch etwas hülfe. Dieser Versuch ist 1919 gescheitert; damals ist aber die Valutamisere noch nicht auf der Höhe gewesen wie heute.

Wir könnten die Frage behandeln: Was heißt volkswirtschaftliches Denken? – Dann: Wie kommt man zu einem Begriff der Arbeit im volkswirtschaftlichen Sinn? – Und dann wäre es gut, wenn jemand die Begriffe, die ich schon gebraucht habe, ganz frei in seinem Sinn auch weiter behandeln würde. Es würde auch gut sein, wenn jemand versuchte, den Begriff von Unternehmerkapital herauszuarbeiten: was reines Unternehmerkapital ist. Man muß, wenn man Unternehmerkapital seinem Begriff nach charakterisieren will, es genau kontrastieren mit dem bloßen Rentenkapital.

ZWEITE SEMINARBESPRECHUNG

Dornach, 1. August 1922

Walter Birkigt: Arbeit im volkswirtschaftlichen Sinn wäre menschliche Betätigung im Hinblick auf ihre Wirtschaftlichkeit. Im Gebiet der Physik weiß man genau, daß physikalische Arbeit durch ihre mechanische Wirkung bestimmt ist. Ist jede Leistung, die wirtschaftlich verwertbar ist, schon Arbeit? Nein – Wert kann nur durch den Verbraucher letzten Endes entstehen. Wenn durch Arbeit etwas geleistet wird, was im volkswirtschaftlichen Zusammenhang einen wirklichen Wert erhält, dann ist sie als wirtschaftliche Arbeit anzusprechen.

Rudolf Steiner: Ich möchte nur eine kleine Anregung geben, indem ich Herrn Birkigt frage, wie er sich stellen würde, wenn nun, sagen wir, diese Auseinandersetzungen diskutiert würden und die Frage kommen würde: Wenn ich in irgendeiner Weise die Arbeit innerhalb des volkswirtschaftlichen Organismus oder Prozesses mit der physikalischen Erfassung der Arbeit zusammenbringe, wie steht es dann, wenn man nun genauer eingeht auf den Begriff der physikalischen Arbeit? – Gewiß, es ist alles richtig, was Sie gesagt haben, aber der Physiker wird dann, wenn er eine Formel für seine Arbeit aufstellt, den Massenbegriff einführen. Denn die physikalische Arbeit, eine Energie, ist eine Funktion der Masse und der Geschwindigkeit. Für letztere werden Sie sehr leicht ein Analogon finden im volkswirtschaftlichen Prozeß. Gerade das ist aber das Eigentümliche der physikalischen Formel für die physikalische Arbeit, daß da der Begriff der Masse eingeführt wird, die physikalisch bestimmbar ist durch das Gewicht. Wir haben also im physikalischen Arbeitsbegriff «Gewicht», das wir nur ersetzen durch «Masse» und «Geschwindigkeit». Nun würde es sich darum handeln, ob es nötig ist, wenn man bei Ihrer Analogie bleibt, so etwas wie den Massebegriff oder den Gewichtsbegriff in die volkswirtschaftliche Betrachtungsweise einzuführen. Würden wir das tun, so müßte eben gerade gestrebt werden, dasjenige aufzusuchen im volkswirtschaftlichen Prozeß, was der Masse entsprechen würde. Also ich meine, es könnte in der Diskussion diese Frage aufgeworfen werden.

Einwand: Zum Problem des Wesens der Arbeit gehört Anerkennen von seiten des Kaufenden. – Der Unternehmer setzt diesen Gedanken der Anerkenntnis voraus. Die Tatsache, daß der Kauf irgendeiner Ware zustande kommt, ist Anerkenntnis.

Rudolf Steiner: Da Ihr Begriff von Anerkennung zunächst nicht ganz auf volkswirtschaftlichem Gebiete liegt, sondern mehr auf philosophischem Gebiete, ist es nötig – damit Sie irgendwie rechtfertigen können, daß dieser Begriff einen volkswirtschaftlichen Wert hat –, daß Sie ihm eine volkswirtschaftliche Schwere geben. Denn in der Anerkennung als solcher – wenn die Hausfrau zum Beispiel zunächst sieht, daß sie etwas gut brauchen kann – liegt kaum mehr als ein Urteil. Das Volkswirtschaftliche beginnt erst dann, wenn sie das nun kaufen kann. Es könnte sehr gut sein, daß die Sache ganz ausgezeichnet wäre, aber aus volkswirtschaftlichen Gründen heraus, weil sie zu teuer ist, nicht gekauft werden kann. So kann die bloße Anerkennung zwar eine philosophische Kategorie sein. Aber sie würde erst eine wirtschaftliche Kategorie sein, wenn sie vermöchte, sich in das wirtschaftliche Leben hineinzustellen. Und darum würde der Begriff der wirtschaftlichen Handlung aufklären.

Frage: In welcher Beziehung steht jetzt die Verifikation einer wirtschaftlichen Handlung zur Anerkennung?

Rudolf Steiner: Die «Anerkennung» als solche kann kaum eine volkswirtschaftliche Kategorie sein. Das mag daraus hervorgehen, daß die Anerkennung etwas Subjektives sein muß. Selbstverständlich spielt in die volkswirtschaftlichen Kategorien schon etwas Subjektives hinein. Aber man muß dann den Weg zeigen, auf dem es objektiv wird. Nehmen Sie an, es haben zwei Hausfrauen ganz verschiedene Anerkennungen von einer Sache, und es kann meinetwillen das Ja zu einem wirtschaftlichen Erfolg und das Nein zu einem wirtschaftlichen Mißerfolg führen. Das Wirtschaftliche würde dort zu finden sein, wo die Gründe das eine Mal zum Erfolg, das andere Mal zum Mißerfolg führen, denn die Anerkennung kann nur ein philosophischer Begriff sein. Gewiß, die Anerkennung kann herunterrutschen ins [Privat-]Wirtschaftliche, aber sie muß dann doch hinüberrutschen ins Volkswirtschaftliche.

Bemerkung eines Teilnehmers: Unter wirtschaftlicher Handlung verstehe ich eine als Initiative sich darstellende Antizipation der physischen Äußerung einer Verifikation.

Rudolf Steiner: Es handelt sich ja hier wirklich vielleicht noch um etwas ganz anderes, als in der Diskussion herauskommen konnte. Wir wollen uns doch hier im volkswirtschaftlichen Denken bewegen. Es ist mir auch nicht durch diese Formel der Beweis geliefert, daß Sie mit der Sache ins volkswirtschaftliche Denken hineingegangen sind. Die Formel ist natürlich aller Anerkennung wert, doch sie ist eigentlich mehr die Formel einer Wirtschaftsphilosophie, die bestrebt ist, sogar in einer etwas scholastischen Weise, den Begriff der wirtschaftlichen Handlung herauszufinden, um die wirtschaftliche Handlung metaphysisch zu rechtfertigen vor der ganzen Weltordnung. Wenn Sie auf das ausgehen, dann mögen Sie diesen Weg einschlagen; dann wird es ja sehr interessant sein, sich darüber zu unterhalten. Aber wenn Sie sich die Frage stellen, ob es nicht heute zum Beispiel darauf ankommt – und es kommt darauf an! –, daß eine Anzahl von Menschen, die nun einmal die heutigen Menschen sind, aus dem Denken heraus in das Wirtschaftliche hinein etwas bringen, was dem Wirtschaftsleben aufhelfen könnte, dann ist doch nicht gut einzusehen, was zunächst durch eine solche Formulierung eigentlich Besonderes gewonnen werden könnte.

Es könnte natürlich das gewonnen werden, daß die Leute besser denken lernen, aber wir stehen vor der Notwendigkeit, die Volkswirtschaft als solche auch wirklich fruchtbar zu machen. In der Naturwissenschaft und in der Medizin kommt schließlich nicht sehr viel darauf an, ob man eine Methodologie hat. Da ist diese eigentlich mehr eine Technik in der Behandlung der Methoden, der Forschungsinstrumente und so weiter, aber die Methodologie hat selbst keinen außerordentlich großen Wert. In der Volkswirtschaftslehre hat sie einen außerordentlich großen Wert, weil doch das, was wir über die Dinge denken, praktisch werden muß in der Volkswirtschaft. Sonst ist sie eben das, was *Brentano* verfolgt in seiner Weise: rein empirisch. Sie wird nicht praktisch. Wir brauchen heute ein volkswirtschaftliches Denken, das praktisch werden kann. Und deshalb würde es außerordentlich interessant sein, die Definition nun Wort für Wort auch durchzugehen. Aber sie steht doch mehr auf dem Gebiet eines wirtschaftsphilosophischen Denkens als eines volkswirtschaftlichen Denkens.

Die Auseinandersetzungen von Herrn Birkigt sind darauf ausgegangen, die Arbeitsbegriffe so herauszubekommen, daß jemand, der sich nun in einer Assoziation klar werden wollte, wie die eine oder andere Arbeit zu bewerten ist, davon etwas haben kann. Das war Ihre Tendenz, und das müßte heute unsere Tendenz sein, wenn wir drinnen in einer Assoziation stecken würden, sei es als irgendein Arbeiter, daß wir irgendwie eine Unterlage hätten, um die Dinge zu bewerten in ihrem volkswirtschaftlichen Prozeß.

Bemerkung: Wirtschaftliche Arbeit ist jede menschliche Tätigkeit, die unmittelbar oder mittelbar werterzeugend wirkt.

Rudolf Steiner: Ich glaube, gerade wenn man ein praktisches volkswirtschaftliches Denken herausbekommen will, wird etwas anderes berücksichtigt werden müssen. Wir wollen, um klarzuwerden, ein naturwissenschaftliches Analogon nehmen: der Gesamtprozeß im menschlichen Organismus ist ganz und gar nicht verständlich, wenn man nur aufsteigende Prozesse betrachtet, Prozesse, die also nach einer gewissen Richtung hin laufen. Sie bekommen erst ein wirkliches Verständnis des totalen Prozesses, wenn Sie auch die Abbauprozesse betrachten. So haben wir zum Beispiel in den Knochen und im Nervensystem durchaus Abbauprozesse; wir haben im Blut neben ausgesprochenen Aufbauprozessen auch Abbauprozesse. Wir können sogar sagen: Wir haben im menschlichen Organismus, von der Chylusbildung angefangen, durch die Lymphbildung bis zu der Erzeugung des Venenblutes durchaus Aufbauprozesse. Dann haben wir die Prozesse, die mit dem Atmen zusammenhängen. Das sind Prozesse, die eine Art labiles Gleichgewicht darstellen zwischen Auf- und Abbauprozessen. Und die in den Nerven und Knochen vor sich gehenden Prozesse sind ausgesprochene Abbauprozesse. Devolutionen im Gegensatz zu Evolutionen! Ein wirkliches Verständnis gewinnen wir erst, wenn wir unsere Begriffe so einrichten, daß wir zum Beispiel den Leberprozeß als eine Zusammensetzung von Auf-

und Abbau begreifen. Es kann einer kommen und kann ein bloßes theoretisches Interesse haben, der substituiert dann auch die Abbauprozesse unter die Aufbauprozesse. Er sagt: Der Mensch entwickelt sich leiblich unter den Aufbauprozessen bis zu einem gewissen Grade. Dann fängt er an, geistig aufzubauen, also anders. Nun, dann kommen wir aus einer Sphäre in die andere und behalten nur das abstrakte Begriffsgewebe bei und lernen dadurch nichts verstehen. Wir lernen erst die Wirksamkeit des Geistes im menschlichen Organismus verstehen, wenn wir wissen, daß der Geist zu wirken anfängt, wenn nicht Aufbauprozesse vorhanden sind; wenn man weiß: da ist nicht Aufbau im Gehirn, sondern Abbau, und im Abbau macht sich erst der Geist geltend. Dann habe ich eine Art von Begreifen, durch die ich in die Wirklichkeit hineinkomme. Wenn ich abstrakt Stufe um Stufe rein dialektisch logisch eine Begriffsrichtung festhalte, dann komme ich zu keinem praktischen Verständnis.

So ist es notwendig, daß man in der Volkswirtschaft nicht bloß auf die Wertbildung, sondern auch auf die Entwertung Rücksicht nimmt; daß man also auch von wirklicher Vernichtung bis zu einem gewissen Grade spricht. Ich habe das ja getan. Beim Konsum fängt schon an, aber es ist noch ein geistiger Prozeß vorhanden, wo auch Entwertung stattfindet.

Sie meinten, wenn ich ein Haus niederreiße, dann ist das auch ein Wert. Denn an dieser Stelle bedeutet das Abtragen des Hauses, daß für irgend jemand etwas Produktives geschaffen wird. Gewiß, das kann man so ansehen, wenn man in der abstrakten Begriffsentwickelung drinnen bleibt. Aber für die Praxis hat es eine Bedeutung, wo ich den wirtschaftlichen Prozeß aus Wertentstehung und Entwertung zusammensetze. Und dann muß es natürlich klar sein, daß Arbeit nicht bloß zur Herstellung von Werten, sondern auch zur Vernichtung von Werten von Bedeutung ist. Ohne daß ich darauf eingehe, bekomme ich keinen adäquaten Begriff von Arbeit. Wenn Arbeit nicht auch zur Vernichtung da wäre, könnte man gar nicht wirtschaften. Das müssen Sie in Ihren Begriff hineinbringen.

Ich glaube, daß es doch selbst für die nächste Zukunft von einer großen Bedeutung sein wird, zu erkennen, was wirtschaftlich geschehen soll in der Richtung des Werterzeugens und der Wertvernichtung. Denn wenn Werte entstehen, die nicht in der entsprechenden Weise vernichtet werden, trotzdem sie zum Vernichten da sind, entsteht auch eine Störung des wirtschaftlichen Prozesses. Durch zuviel Produzieren wird der Prozeß gestört. Da ist der Prozeß einfach dadurch gestört, daß im Magen des Wirtschaftslebens, bildlich gesprochen, zuviel drinnen liegt.

Frage: Müssen wir den Begriff Arbeit nicht so fassen, daß Arbeit eine Tätigkeit ist, die für einen geschlossenen Wirtschaftsorganismus in Betracht kommt?

Rudolf Steiner: Da kommt in Betracht, daß die Dinge als Realitäten aufgenommen werden. Zweifellos kann das Zuviel-Schirme-Erzeugen ein Abbauprozeß sein; aber in bezug auf die Arbeitsleistung ist es unter allen Umständen ein aufbauender Prozeß, solange wir bei der Arbeit bleiben. Dem steht nun nicht gegenüber der abbauende Prozeß, Schirme zu zerstören. Das Zerstören wird unter Umständen eben nicht mit dem, was Sie als Arbeit definieren würden, erreicht. Aber jedenfalls kann man nicht das Zuviel-Schirme-Erzeugen einen Abbauprozeß nennen, wenn man die Sache in bezug auf die Arbeit durchdenken will.

Wir müssen uns bewußt sein, daß wir beim volkswirtschaftlichen Betrachten charakterisieren sollen, also versuchen sollen, einen Begriff dadurch zu bekommen, daß wir ihn von verschiedenen Seiten feststellen, um ein wirklich anschauliches Urteil zu gewinnen. An einer abstrakten Definition haben wir nichts. Man hat einen Begriff von Arbeit aufgestellt: Arbeit ist die menschliche Betätigung im Hinblick auf ihre Wirtschaftlichkeit, kurz, wirtschaftliche Betätigung des Menschen. – Aber wodurch unterscheidet sich eine solche Definition über die Arbeit im volkswirtschaftlichen Sinn von der Definition der Arbeit im physikalischen Sinn? In einer solchen volkswirtschaftlichen Definition haben wir nämlich nichts Reales darinnen. Wenn der Physiker die physikalische Arbeit definiert durch eine Formel, durch eine Funktion, und darinnen die Masse und die Geschwindigkeit hat, dann haben Sie etwas Reales darinnen; denn die Masse ist wägbar. Wenn der Physiker die Geschwindigkeit definieren will, so stellt er eine Definition auf. Die Definition dient nur zur Verständigung. Der Physiker ist sich voll bewußt, daß er damit nur hinweist auf das, was ins Auge gefaßt werden soll. Denn nur der hat einen Begriff von der Geschwindigkeit, der sie aus Anschauung kennt. Was er definiert, ist das Maß der Geschwindigkeit. Und so wird der Physiker niemals glauben, irgendeine reale Erklärung zu geben, wenn er diese Erklärung gibt. Er ist aber wohl der Meinung – ob mit Recht oder Unrecht, das will ich nicht untersuchen –, daß er eine reale Erklärung gibt, wenn er die Arbeit als eine Funktion von Masse und Geschwindigkeit erklärt. Damit geht er auf eine reale Erklärung los.

Wenn ich das im wirtschaftlichen Leben tue, dann handelt es sich darum, daß ich die Geschichte im richtigen Punkt anfasse. Wenn ich also beispielsweise meine Erklärung des Wertes an einer bestimmten Stelle so gebe, daß Wert erzeugt wird, Wert entsteht, Wert eine Funktion ist aus Arbeit und Naturobjekt, Naturwesen, oder aus Geist und Natur ist, dann haben Sie die Arbeit in der Veränderung, die da vor sich geht, darin. Diese ist allerdings eine qualitative, während der bewegte Körper eine Ortsveränderung durchmacht. Was der Physiker als Maß hat, ist die reale Natursubstanz. Ich gehe aber auf eine Definition aus, die in der Tat den Anforderungen einer solchen realen Definition in der Physik sehr wohl entspricht. Ich tue nichts Besonderes für die Volkswirtschaft, wenn ich mich bemühe, die Arbeit für sich zu definieren. Ich muß mir vor allen Dingen klarmachen, daß Arbeit als solche erst eine volkswirtschaftliche Kategorie wird, wenn ich sie in Funktion bringe mit dem Naturprodukt. Wenn man solche Definitionen macht, dann kommt man in eine Art und Weise der Auffassung der Dinge hinein, die einen tatsächlich später frappiert. Sie wissen zum Beispiel, daß der Physiker während der Herrschaft der klassischen Physik die Arbeit immer so definiert hat, daß sie eine Funktion von Masse und Geschwindigkeit ist. Gegenüber den modernen Anschauungen über Ionen und Elektronenvorgänge verliert diese Arbeitsdefinition vollständig ihre Bedeutung, denn da fällt der Massebegriff heraus. Wir haben es nur mit Beschleunigung zu tun. Da emanzipiert sich der physikalische Vorgang von dem, was ponderabel als Masse darin ist, gerade wie sich bei mir das Kapital von der bearbeiteten Natur emanzipiert und in eine eigene Funktion eintritt.

Also man kommt in ein Gebiet hinein, das sich tatsächlich von allen Seiten her rechtfertigt. Das ist die Eigentümlichkeit beim wirklichkeitsgemäßen Denken, daß man mehr denkt, als man in Definitionen darin hat. Darauf möchte ich aufmerksam machen, daß ich nirgends versuche, wenn ich volkswirtschaftlich rede, einen Begriff da anzufassen, wo er nicht angefaßt werden kann. «Masse» kann ich auch nicht anfassen in der Physik, sondern nur ihre Funktion. «Masse ist die Menge der Materie», das ist auch nur eine Wortdefinition! Ebensowenig möchte ich als volkswirtschaftlich bedeutungsvoll ansehen, daß man hintereinander die Begriffe von Natur, Arbeit und Kapital definiert, sondern man hat dort anzufassen, wo die Realien sind: nicht die Natur, sondern die bearbeitete Natur; nicht die Arbeit, sondern die organisierte Arbeit; nicht das Kapital, sondern das vom menschlichen Geist dirigierte, in Bewegung, in volkswirtschaftliche Bewegung gebrachte Kapital. Die Dinge dort anzufassen, wo sie sind, das glaube ich, ist heute in der Volkswirtschaft notwendig!

Frage nicht notiert.

Rudolf Steiner: Ich möchte nur darauf aufmerksam machen, daß die Unterscheidung in Kopfarbeit und Handarbeit eigentlich nicht berechtigt ist. Wenn man das Ding Kopfarbeit und das Ding Handarbeit versuchen wollte zu definieren, so könnte man nicht recht etwas anderes finden als einen langsamen Übergang von einem Pol zu dem anderen, aber keinen eigentlichen Gegensatz. Physiologisch ist da auch kein eigentlicher Gegensatz. Daß die Dinge falsch betrachtet wurden, können Sie daraus ersehen, daß sich die Leute über die erholende Wirkung des Turnens immer geirrt haben. Heute weiß man, daß das Turnen nicht jene Erholung darstellt, die man ihm früher zugeschrieben hat. Der Schüler wird durch sogenannte geistige Arbeit nicht mehr arbeiten als durch Turnen, welches durch die gleiche Zeit hin dauert. Es handelt sich natürlich immer darum, daß man die Dinge volkswirtschaftlich fruchtbar denkt.

Frage nach der Beziehung zwischen volkswirtschaftlichem und biologischem Denken.

Rudolf Steiner: Die volkswirtschaftlichen Entitäten sind in ihrer Wirklichkeit, so wie sie einmal sind, schon sehr stark analog den biologischen Entitäten. Sie können das sehr gut verifizieren, wenn Sie versuchen, den volkswirtschaftlichen Wert einer Arbeit festzusetzen, zum Beispiel einer Buchdruckerarbeit. Nehmen wir an, ein Lyriker bildet sich ein, er sei ein außerordentlich großer Lyriker, bringt es auch dahin, daß seine Lyrik gedruckt wird, sei es durch Protektion oder durch Geldunterstützung oder durch so etwas. Und nun arbeiten an dem Zustandekommen dieses Lyrikbandes die Papierarbeiter, die Setzer, eine ganze Anzahl von Menschen, die nach marxistischem Begriff entschieden produktive Arbeit leisten. Nehmen wir aber an, es wird kein einziges Exemplar verkauft, sondern alle werden eingestampft. Dann würden Sie denselben realen Effekt haben, als wenn sie gar nicht gemacht worden wären. Sie haben im Grunde genommen Arbeit in diesem Falle vollständig nutzlos aufgewendet. Nun müßten Sie aber erst wiederum untersuchen, ob das nun zu sieben Achtel dumm ist, was die Marxisten sagen, oder ob es nicht doch eine Bedeutung hat. Und da werden Sie bemerken, daß die biologische Betrachtungsweise ein gewisses Analogon bietet. Sie können zwar sagen: In der Biologie kann ich das ganze Wesen betrachten vom Anfang bis zum Ende und habe es vor mir, während ich es in der Wirtschaft nur mit Tendenzen und dergleichen zu tun habe. Aber nun frage ich Sie, ob Sie mehr als Tendenzen in der gesamten Natur vor sich haben, wenn Sie bedenken, daß nicht aus allen Heringseiern Heringe werden, sondern daß unzählige Heringseier im Vergleich zu denen, aus denen Heringe werden, einfach vernichtet werden? Es fragt sich jedoch, ob diese vernichteten Eier für den gesamten Prozeß der Natur gar nichts bedeuten, oder ob sie nur eine andere Richtung einschlagen im gesamten biologischen Prozeß. Das ist nämlich der Fall. Es könnte keine Heringe geben und vieles andere von Meereswesen, wenn nicht so und so viele Heringseier einfach zugrunde gehen würden. Nun stehen Sie noch immer nicht auf dem Boden einer realen Betrachtung, wenn Sie sagen: Nun, da gehen Eier zugrunde – und so weiter. Da sind Sie noch verpflichtet, zu sagen: Da habe ich eine

Evolution vor mir. Das Ei ist entstanden und geht durch etwas zugrunde. Der ganze Hering ist auch entstanden und geht durch etwas zugrunde. Die Prozesse nehmen nur verschiedene Richtungen an, und der Hering setzt bloß die angesetzte Tendenz des Eies fort. – Nirgends können Sie irgendwie sagen, daß der Hering ein größeres Recht habe, aufzuhören zu bestehen als das Ei. Und nun haben Sie eine Analogie mit zugrunde gehender Arbeit, mit zugrunde gehenden wirtschaftlichen Entitäten.

Sie kommen auf Unzähliges, wo Sie in der Denkweise Analogien haben zwischen dem volkswirtschaftlichen Denken und dem biologischen. Das wird nur nicht bemerkt, weil wir weder ein ordentliches biologisches noch ein ordentliches volkswirtschaftliches Denken haben. Würde die Biologie anfangen, ein richtiges Denken zu entwickeln, so würde dieses dem volkswirtschaftlichen Denken sehr ähnlich werden. Man braucht dieselben Fähigkeiten, um Biologie zu treiben im wirklichen Sinn, wie man sie braucht, um Volkswirtschaft zu treiben.

Frage: Worin besteht im Vergleich zu Heringseiern die Berechtigung der gedruckten, aber wieder eingestampften Lyrik?

Rudolf Steiner: Die Sache kann so liegen. Wenn die Leute nicht beschäftigt würden, die da beschäftigt sind, so würden diese Menschen sich natürlich irgendwo anders beschäftigen müssen. Und wenn sie sich woanders beschäftigen müßten, so würde unter Umständen nicht genügend abgeleitet von menschlicher Betätigung. Menschliche Betätigung muß nämlich, wie Heringseier, auch unter Umständen abgeleitet werden, und dieses Ableiten hat auch einen volkswirtschaftlichen Effekt. Man muß durchaus sagen – was man so sehr leicht sagt –, Schlafen sei Ruhe, Leben sei Betätigung. Von einem gewissen Gesichtspunkt aus ist aber zum Leben Schlaf viel notwendiger als Wachen. Ebenso ist es mit dieser Betätigung. Sie können natürlich sagen: Ich will sie auf nützlichere Weise verwenden; aber es fragt sich, ob es nützlicher ist, wenn es Regenschirme sind, die zuviel produziert werden. Zunächst sind das Aushilfen, allerdings in einem nicht zutreffenden volkswirtschaftlichen Prozeß, um

Arbeit zu beseitigen, die störend wirken würde. Die Sache würde sich anders herausstellen, wenn man volkswirtschaftlich gesund denken würde. Wenn man volkswirtschaftlich gesund denken würde, so würde man eine kolossale Gescheitheit dazu aufwenden müssen – da kommen wir aber jetzt über die gewöhnliche volkswirtschaftliche Betrachtung hinaus –, um die sich dadurch herausbildende überschüssige Arbeitszeit für diejenigen Menschen, die sich nicht selbst betätigen können, zu verwerten. Also, es ist tatsächlich so: Wenn man volkswirtschaftlich gesund denken würde, so würde sofort etwas entstehen, was Sie wahrscheinlich mit Freuden begrüßen würden. Aber die Menschen können es sich nicht vorstellen, daß man notwendig hätte, die Menschen, die sich nicht selbst betätigen können, nicht selbst ihre Zeit zubringen können, zu lehren, was es heißt, die Zeit zu ersparen. Denn es wäre kaum notwendig, daß ein Mensch, der heute acht, neun Stunden arbeitet, länger als drei, vier Stunden arbeitet. Die Menschen würden ja, wenn vernünftig volkswirtschaftlich gedacht würde, ungeheuer viel weniger sich zu betätigen brauchen in der Art, wie sie sich jetzt betätigen. Und dann würde einfach in diese Zeit hineinfallen, was den zugrunde gehenden Heringseiern entspricht. Jetzt verschwenden die Menschen so viel in die Arbeit, die sowieso wieder zugrunde gehen muß.

Bemerkung: Wenn man vom biologischen Denken spricht, hat man ein bestimmt begrenztes Wahrnehmungsobjekt, über das man denkt. Beim volkswirtschaftlichen Denken muß man durch das Denken bezeichnen, worüber man volkswirtschaftlich nachdenkt.

Rudolf Steiner: Das «begrenzte Wahrnehmungsobjekt» haben Sie in der Biologie auch nur relativ. Bei Weltgebilden zum Beispiel, die man mikroskopisch betrachtet, oder bei denen man mehr die Einzelerscheinungen als hervorgehend aus einem großen Zusammenhang betrachtet, haben Sie ein solches auch nicht. Sie können sagen, Sie haben in einem Tropfen Blut ein überschaubares Objekt. Aber in dem Augenblick, wo Sie es mikroskopisch betrachten, sehen Sie mehr – in einem Kubikmillimeter fünfhundert bis sechshundert rote Blutkörperchen darin, und die sind alle in Tätigkeit. Das ist gewiß fürs

Auge sichtbar durch das Mikroskop, aber es schaut verflucht demjenigen ähnlich, was man sieht, wenn man sich irgendwo einen begrenzten volkswirtschaftlichen Prozeß anschaut. Nehmen Sie an, Sie stellen sich vor eine Bude auf dem Jahrmarkt und sehen, wie da der Budenmensch steht, wie da seine Waren liegen; da sind die Kunden, er gibt die Waren heraus, sie legen das Geld hin, ... wenn Sie das alles nun – ich stelle mir vor, Sie bringen es fertig, ein solcher Riese zu sein – wie etwas ganz Dichtes, Zusammengehöriges in eins zusammendenken, so ist ein richtiger Unterschied nicht da. Ich kann das Volkswirtschaftliche in einem beschränkten Gebiete ebenso relativ einsehen. Wenn ich den Budenbesitzer mit allem, was drum und dran ist, betrachte, so ist das nur relativ anders, als, sagen wir, wenn die Engländer in China Opium verkaufen und ich alles, was damit zusammenhängt, betrachte. Ich kann nicht finden, warum man da kein Objekt hat.

Frage: Ich weiß eben nicht, wo die Volkswirtschaft anfängt und wo sie aufhört.

Rudolf Steiner: Man weiß auch nicht, wo das Biologische anfängt. Etwas anderes ist es, den Vergleich tot zu reiten. Ich meine nur: Was es einem möglich macht, die Natur des Lebendigen zu verstehen, dasselbe in der Auffassung macht es einem schon möglich, die Volkswirtschaft zu verstehen. Nur ist eines notwendig. Da gilt vielleicht, was Sie sagen: In dem Anschauen eines Naturobjektes kommt einem das Objekt entgegen, während bei der Volkswirtschaft ein wenig das Subjekt dem Objekt entgegenkommen muß. Man muß in der Volkswirtschaft das haben, was ich gestern Spiritus genannt habe. Biologen können also zur Not wirklich noch recht wenig Spiritus haben und nur mit den Methoden arbeiten. Aber um volkswirtschaftlich zu denken, wird man etwas Spiritus brauchen.

Frage: Mir scheint, daß der volkswirtschaftliche Prozeß zustande gekommen ist, ohne daß das Denken volkswirtschaftlich war; daß das Denken erst volkswirtschaftlich werden muß. Ob die Volkswirtschaft gesund oder ungesund verläuft, ist gleichgültig. Ich werde insofern doch auch entsprechend der Naturwissenschaft von einem Objekt in der Volkswirtschaft sprechen können.

Rudolf Steiner: Herr G. hat recht: der Unterschied besteht, daß man in der Volkswirtschaft nötig hat, von einem gewissen subjektiven Erfassen dessen auszugehen, was draußen in der Welt geschieht. Aber in der Volkswirtschaft ist dieses Subjektive einem wiederum leichter als in der Biologie. In dieser steht man als Mensch – da man kein Maikäfer ist, wenn man diesen studiert – natürlich immer außerhalb und muß außerhalb stehen, während man nur bis zu einem sehr viel geringeren Grade außerhalb steht, wenn man etwas volkswirtschaftlich betrachtet. Man kann immer noch soviel Menschentum aufbringen, daß man den Arbeiter gut versteht, daß man auch den Unternehmer versteht. Das ist allgemein menschlicher Anteil, und dieser ersetzt das, was in der Biologie äußere Anschauung ist. Insofern hat Herr G. recht. Aber auf der anderen Seite glaube ich, daß zum Beispiel *Goethe* deshalb eine so gute Definition der Schattenseiten des Handelsbegriffes gegeben hat, weil er doch in seiner biologischen Betrachtungsweise sehr weit gekommen ist. So finden sich bei Goethe manchmal merkwürdig treffende volkswirtschaftliche Anschauungen. Es hängt das ein wenig mit seiner morphologisch-biologischen Betrachtungsweise zusammen. Die Natur spielt eben in der Biologie die Rolle eines, der einen stößt, wenn man selber nicht den Spiritus hat. Bei der Volkswirtschaft muß man schon selber Spiritus aufwenden.

Einwand: Es gibt Theoretiker, die sagen, es gäbe keine Volkswirtschaftslehre, weil es keine Wirtschaft gäbe. *Spann* spricht das aus.

Rudolf Steiner: Er wird sehr bewundert und gilt in Wien bei sehr gescheiten Menschen als eine besondere Leuchte. Ich habe mich zuwenig mit ihm beschäftigt, als daß ich über ihn allzuviel Urteil habe, aber was die sehr gescheiten Menschen über ihn sagen, hat mir nicht außerordentlich eingeleuchtet. Es würde aber nur eine geistreiche Dialektik sein, zu sagen, es gäbe keine Wirtschaft. Es gibt ja auch Menschen, die sagen: Es gibt kein Leben, sondern nur Mechanismus.

Wir sollten nun Spezialbetrachtungen anstellen. Jemand sollte versuchen, mehr im Konkreten zu zeigen, wo volkswirtschaftliche Verwertungs- und Entwertungsprozesse notwendig sind.

DRITTE SEMINARBESPRECHUNG

Dornach, 2. August 1922

Bemerkung: Nochmals wird der Begriff der Anerkennung zur Diskussion gestellt und von Rudolf Steiner wiederum als ungeeignet für die Wirtschaftswissenschaft gekennzeichnet.

Rudolf Steiner: Der Begriff der Anerkennung führt in die Wirtschaftsphilosophie hinein, nicht eigentlich in die Wirtschaftswissenschaft als solche. Außerdem muß unser Streben sein, in der Wirtschaftswissenschaft solche Anschauungen zu finden, die möglichst hindurchgetragen werden können, indem sie immer sich selber verändern, durch das ganze Wirtschaftsleben. Mit dem Begriff der Anerkennung werden Sie schwerlich alle wirtschaftlichen Elemente treffen können, ohne daß Sie diesen Begriff sehr erweitern. Das kann man mit Begriffen immer tun. Ich will zum Beispiel sagen: Wie würde der Begriff sich gestalten, der gestern ausgebildet worden ist, wenn wir es damit zu tun hätten, daß ein vollkommen bisher unbekannter Rembrandt sich irgendwo in einem Bodengelaß auffinden würde, wenn es sich darum handeln würde, den volkswirtschaftlichen Wert, von dem man ganz gewiß sprechen kann, dieses Rembrandt zu taxieren. Ich meine nicht, wie sich das überhaupt machen würde, sondern wie es mit dem Begriff der Anerkennung steht.

Bemerkung: Der Vertreter des Anerkennungsbegriffes macht das «Politische» dafür verantwortlich, daß Anerkennungen unsozialer Vorgänge – zum Beispiel unverdienter Konjunkturgewinne – herbeigeführt werden.

Rudolf Steiner: Wenn wir die Möglichkeit haben, die Dreigliederung richtig in die Wirklichkeit umzusetzen, dann fällt aber der Begriff des «Politischen» weg, wie Sie ihn entwickelt haben. Denn das Politische ist wesentlich im Rechtlichen gegeben, so daß dann aus dem Wirtschaftlichen das Politische völlig herausfallen würde und man also durch irgendein Politisch-sich-Verhalten nicht dazu kommen könnte, eine «Anerkennung» herbeizuführen.

Aber es besteht die Frage doch: Was ist dann das «Politische»?

Das Politische ist eigentlich ein außerordentlich sekundärer, stark abgeleiteter Begriff. Denn vom rein wirtschaftlichen Gesichtspunkt aus besteht gar keine Veranlassung, politisch zu sein. In dem Beispiel, das Sie vorgebracht haben, mit dem Unternehmer, der auf zweihunderttausend Mark rechnet und der dann, wenn er den Arbeitern achtzigtausend gibt, infolge eines flotteren Geschäftsganges fünfhunderttausend einnimmt, besteht keine Notwendigkeit, ins Politische hineinzutreiben. Nehmen wir einmal das Folgende an: Mit dem, was da mehr herausgewirtschaftet worden ist, kann ja der Unternehmer, falls die Arbeiter mit ihren achtzigtausend Mark auskommen und damit zufrieden sind, ganz offen vor die gesamte Arbeiterschaft hintreten und kann sagen: Ich habe darauf gerechnet, daß ich zweihunderttausend Mark herauswirtschafte. Es sind aber dreihunderttausend Mark mehr herausgearbeitet worden. Wir haben unter diesen Voraussetzungen, daß zweihunderttausend herausgearbeitet werden, das Geschäft gegründet. Diese dreihunderttausend sind mehr herausgearbeitet worden. Ich finde es aus diesen und jenen Gründen für die Gesamtheit des volkswirtschaftlichen Organismus, in dem wir drinnenstehen, richtiger, mit diesen dreihunderttausend Mark, sagen wir zum Beispiel, eine Schule zu begründen, als sie euch zu verteilen. Seid ihr damit einverstanden? – Da haben Sie eine Form, wo der wirtschaftliche Vorgang derselbe geblieben ist, aber Sie haben gar nicht nötig, mit irgendeinem politischen Faktor zu rechnen.

Das Politische ist in der Weltgeschichte ein sekundäres Produkt. Das beruht lediglich darauf, daß die primitiven, vielleicht höchst unsympathischen, aber ganz ehrlichen Machtverhältnisse allmählich die Form des Krieges unter den Menschen angenommen haben. Man kann zwar nicht sagen, der Krieg sei die Fortsetzung der Politik nur mit anderen Mitteln, aber die Politik ist der ins Geistige übertragene moderne Krieg. Denn dieser Krieg beruht darauf, daß man den Gegner täuscht, daß man irgendwelche Situationen herbeiführt, die ihn täuschen. Jede Umgehung im Kriege, alles Mögliche, was nicht direkte offene Angriffe sind, beruhen auf einer Täuschung des Gegners. Und der Feldherr wird sich um so größere Verdienste zuschreiben, je besser es ihm gelingt, den Feind zu täuschen. Das ist, übertragen aufs Geistige, die Politik. Sie finden ganz dieselben Kategorien in der Politik darin.

Wenn man von der Politik redet, so möchte man sagen: Es müßte danach gestrebt werden, daß die Politik in allem überwunden wird, selbst in der Politik. Wir haben nämlich im Grunde genommen erst dann eine wirkliche Politik, wenn sich alles das, was auf politischem Felde spielt, in rechtlichen Formen abspielt. Dann haben wir aber eben den Rechtsstaat.

Frage betreffend das Schneiderbeispiel.

Rudolf Steiner: Die Täuschung entsteht nur dadurch, daß die Quote, die sich durch einen einzigen Anzug bildet, eine außerordentlich kleine ist und es dadurch auch sehr lange dauern würde, bis in der Bilanz des Schneiders diese kleine Quote so sichtbar ist, daß er das tatsächlich als Ausfall empfinden würde. Die Sache beruht darauf, daß durch die Arbeitsteilung die Produkte de facto verbilligt werden. Wenn man unter dem Einfluß der Arbeitsteilung für eine Gemeinschaft arbeitet, so kommen einem auch die eigenen Produkte billiger zu stehen, als wenn man für sich selber arbeitet. Darin besteht eben gerade das wirklich Verbilligende der Arbeitsteilung. Durchbricht man sie an einem gewissen Punkt, dann verteuert man den betreffenden Artikel, den man sich selbst zubereitet hat. Nun würde natürlich eine einzelne Quote bei einem einzelnen Anzug, den ein Schneider für sich selbst macht, nicht sehr viel ausmachen. Dagegen würde es bemerkbar sein, wenn es alle Schneider täten.

Bei weitergehender Arbeitsteilung wird sich kein Mensch mehr irgend etwas selber bereiten, höchstens in der Landwirtschaft. Wenn nun tatsächlich ein Schneider sich seinen Anzug macht und er eine ganz richtige Bilanz für sich aufstellen wollte, dann müßte er sich einfach in diese Bilanz seinen eigenen Anzug teurer einstellen, als der Marktpreis ist. Er muß also seine Ausgaben höher einsetzen, als der Marktpreis ist. Es kommt nicht so sehr darauf an, den Einzelfall darnach zu entscheiden, ob er nun den Anzug tatsächlich kauft.

Es ist natürlich die selbstverständliche Voraussetzung, daß es nicht andere Schneider sind, von denen man die Kleider kauft, sondern daß es Händler sind. Der Preis, den ein Anzug bei einem Händler hat, ist billiger – sonst hätte die Teilung in Produktion und Handel keinen Sinn –, als der Preis betragen könnte, wenn die betreffenden Schneider ohne Händler arbeiten würden. Also muß der Schneider den Preis etwas höher einsetzen, wenn er ohne Handel arbeitet, weil der Händler ihn einfach billiger auf den Markt bringt, als ihn die Schneider selber in Umsatz bringen. Sie können höchstens noch den Einwand machen – der wäre unter Umständen berechtigt –, daß Sie sagen: das wesentlich Billigere der ohne den Händler abgesetzten Waren bestünde darinnen, daß der Schneider, wenn er sich die Waren vom Händler holen muß, dann seine Wege mitrechnen muß. Da würden Sie finden, daß durch das Einfügen des Handels tatsächlich diese Wege auch billiger kommen. Durch einfaches Vergleichen der Erzeuger- und Händlerpreise können Sie natürlich nie herausfinden, ob der Anzug teurer oder billiger ist.

Frage: Der Preis des einen Anzugs soll auf die anderen Anzüge einen Preisdruck ausüben. Warum würden die anderen Anzüge teurer werden?

Rudolf Steiner: Er übt dadurch einen Preisdruck aus, daß er den einen Anzug aus der Summe aller Anzüge, mit denen die Händler handeln, herausnimmt, daß er für diesen Anzug den Händlern die Möglichkeit des Profites nimmt, so daß sie bei den anderen Anzügen einen größeren Profit verlangen müssen. Was die Händler als größeren Profit verlangen, das bewirkt bei den Händlern eine Preissteigerung, aber beim Schneider bedeutet das einen Preisdruck.

Frage: Es ist nun die Frage, ob dieser Preisdruck weniger ausmacht, als der Handelsweg ihm an Preiserhöhung bringt.

Rudolf Steiner: Das werden Sie nirgends finden. Versuchen Sie einmal, das Problem zu lösen. Das ist eine Aufgabe, die direkt so gestellt werden kann: Inwiefern wirkt der Handel gegenüber dem eigenen Verkauf verbilligend? Dieses als Dissertationsaufgabe direkt gestellt, würde wichtig sein. Sie würden sehen: wenn fünfzig Schneider Wege machen und sich diese Wege berechnen müssen, kostet es tatsächlich mehr, als wenn die Händler die Wege machen.

Einwand: Von dem Anzug, den der Schneider für sich selbst behält, sagen Sie: Wenn er durch den Handel geht, dann tritt eine Verbilligung ein. Nun ist bei dem Anzug, den er für sich zurückbehält, die ganze Ausgabe des Handels, den Verkehr zu vermitteln, erspart.

Rudolf Steiner: Das würde etwas ausmachen, wenn eben nicht der Handel verbilligte. Da aber der Handel verbilligt, so macht das nichts aus, daß er den Anzug im Hause behält.

Bemerkung: Sagen wir, der Herstellungspreis ist hundert Mark. Nun kommt der Handel hinzu, und so kommt der Anzug auf hundertzwanzig Mark. Durch den Händler wird er auf hundertzehn heruntergedrückt. Wenn der Schneider aber seinen eigenen Anzug gar nicht in den Verkehr bringt, dann spart er auch die zehn Mark.

Rudolf Steiner: Sie müssen aber in diesem Fall als etwas ganz wirtschaftlich Reales die gesamte Bilanz betrachten, die aus Händlern und Schneidern zusammen entsteht. Sie müßten untersuchen, wie sich dieser einzelne Posten in der Gesamtbilanz ausnimmt. Durch bloßen Vergleich der Einzelbilanzposten kann man es nicht finden. Man muß es in der Gesamterscheinung haben. Dann würden Sie sehen: weil wirtschaftliche Arbeitsteilung eine Fruktifizierung der Arbeit bedeutet, schädige ich, wenn ich in einer vollkommenen wirtschaftlich geteilten Arbeit zu einem früheren Zustande zurückgehe, mit den anderen mich selbst. Man ist mit ihnen so versponnen, daß man durch ein Zurückgehen auf ein früheres Stadium auch sich selbst schädigt. Die Täuschung entsteht dadurch, daß es schwer ist, die furchtbar kleine Quote festzuhalten. Aber ich brauche bloß die Progression aufzustellen: Wenn Sie denken, alle Schneider machen sich ihre Anzüge selber, und sie würden nun eine Assoziation bilden, dann würde das, was da in die Bilanz als gemeinsamer Posten anders eingesetzt werden müßte, doch schon etwas bedeuten.

Bemerkung: Bei der Konfektionsindustrie wird das schon augenscheinlicher.

Rudolf Steiner: Ganz sicher ist das so. Es ist dann natürlich zu untersuchen, welche Ursachen da vorliegen. Es wird ein furchtbar kleiner Posten sein, wenn es sich nur um die Arbeitsteilung zwischen den Produzenten und dem Händler handelt. Dagegen wird der Posten schon sehr, sehr beträchtlich, wenn es sich um weitere Arbeitsteilung handelt, wenn also der Schneider sonst überhaupt nicht mehr ganze Anzüge fabriziert, sondern nur Teilgebiete. Dann wird er, wenn er sich einen eigenen Anzug fabrizieren will, ganz wesentlich teurer kommen, als wenn er sich die Sache irgendwo kauft. Ich sagte ja, es ist eben ein radikales Beispiel, das nur eine prinzipielle Bedeutung hat. Aber was später bei weiterer Arbeitsteilung stark hervortritt, das gilt auch schon ganz am Ausgangspunkt der Arbeitsteilung.

Frage: Warum kann man das nicht auf die Landwirtschaft beziehen?

Rudolf Steiner: Das habe ich nicht gesagt. Ich habe gesagt: Es wird immer weniger, daß heute die Leute für sich selber produzieren, mit Ausnahme der Landwirtschaft, wo es naheliegt, daß sich der Landwirt selbst versorgt. In der Landwirtschaft, wo ohnedies so viele Korrekturen des allgemeinen wirtschaftlichen Ganges stattfinden, macht es nun wirklich nicht so viel aus, ob der Bauer sein Krauthapperl aus Eigenem nimmt oder kauft. Wenn jedoch im Sinne der Dreigliederung ein reales wirtschaftliches Verhältnis zwischen der Landwirtschaft und der Nichtlandwirtschaft bestünde, dann käme es auch für die Landwirtschaft in Betracht. Die Sache ist heute allerdings so, daß im Grunde genommen alle möglichen unterirdischen Umlagerungen stattfinden und dadurch das Verhältnis der Preise zwischen Industrie und Landwirtschaft vollständig untergraben ist. Das kommt noch in den nächsten Tagen zur Behandlung. Aber wenn man eine Gesamtbilanz eines Wirtschaftsgebietes so untersuchen würde, daß man die Landwirtschaft mit der Industrie gegenseitig ausbilanzierte, dann würde sich herausstellen, daß unter den heutigen Verhältnissen Wesentliches von der Landwirtschaft in die Industrie hineinfließt, einfach auf unterirdischen Wegen. Wenn aber unter dem assoziativen Wesen genau ebenso viele oder wenigstens annähernd so viele Arbeiter in einer Branche arbeiten würden, als es die Preise erlauben, dann würden wir eine ganz andere Verteilung von Stadt und Land haben. Man unterschätzt, was es bedeuten würde, wenn das assoziative Wesen durchgeführt würde. Deshalb ist es nicht sehr leicht, die Frage zu beantworten: Warum ist der «Kommende Tag» keine Assoziation? – Einfach weil er nicht mächtig genug ist, um auf den wirtschaftlichen Gang einen gewissen Einfluß zu haben. Dazu gehört erst eine bestimmte Größe der Assoziation. Was will der «Kommende Tag» heute zwischen den Unternehmern und den Arbeitern viel anderes machen, als was sonst auch geschieht? Das wäre nur in einem Falle möglich – ich habe das auch einmal in einer Betriebsversammlung gesagt –, nämlich wenn die Arbeiter des «Kommenden Tages» sich sämtlich entschließen würden, aus den Gewerkschaften auszutreten. Dann hätte man den Anfang einer Bewegung, die als solche allmählich auch von der anderen Seite, der Arbeiterschaft, die Sache in Gang bringen würde. Solange aber die Arbeiterschaft einfach in genau derselben Weise an den Streiks teilnimmt wie die andere Arbeiterschaft, ist es ganz unmöglich, irgendwie so mit der Arbeiterschaft zu reden, wie es ideal wäre.

Durch das assoziative Wesen würde vor allen Dingen eine ganze Anzahl Fabriken von der Stadt aufs Land hinauswandern und ähnliche Dinge würden sich als notwendige Folge des assoziativen Wesens ergeben. Sie haben ja nicht umsonst Dörfer, Dorfwirtschaften. In der primitiven Wirtschaft ist die Dorfwirtschaft die einzige Wirtschaftsform. Dann geht es über zu den Märkten. Diese Benennungen sind volkswirtschaftlich viel richtiger, als man denkt. Solange der Markt da ist und Dörfer darum herum, so lange bedeutet der Markt, auch wenn er unter dem Prinzip von Angebot und Nachfrage steht, etwas wirtschaftlich viel weniger Schädliches – wenn nicht eben Halunken da sind, was eine persönliche Sache ist –, als wenn die Stadtwirtschaft dazukommt. Durch diese wird das gesamte Verhältnis zwischen Produzenten und Konsumenten radikal geändert. Dann haben wir nicht mehr Dörfer, die von selbst ihren Markt regulieren, sondern dann haben wir allen Möglichkeiten Tür und Tor geöffnet, welche bestehen, wenn das Verhältnis zwischen Konsumenten und Produzenten kein klares mehr ist, wenn es sich vermischt. Und das ist der Fall, wenn die Menschen in den Städten zusammenwohnen.

Das Verhältnis zwischen Produzenten und Konsumenten kann nicht anders überschaut werden, als daß man sich assoziativ gliedert. Dann ändern sich aber die Verhältnisse, die unter der Verwuselung entstanden sind. Denn das assoziative Wesen ist etwas, was nicht nur organisieren soll, sondern etwas, das wirtschaftet. Es würde sich unter dem assoziativen Wesen ergeben, daß aus jedem einzelnen Glied – darauf beruht das Zusammenwirken der drei Glieder des sozialen Organismus – die Gesundheit des anderen zu gleicher Zeit hervorgeht.

Im Laufe längerer Zeiträume, aber dennoch nicht allzulanger Zeiträume, würde sich ergeben, daß in den Städten im wesentlichen die Verwaltungsbeamten und die zentralen Schulen und so weiter, also im wesentlichen Geistesleben und Rechtsleben zusammen sein würden, während Wirtschaftsleben und Rechtsleben zusammen dezentralisiert sein würden. Also das Zusammenleben würde sich auch räumlich teilen, aber nicht so, daß man nun drei ganz verschiedene Glieder hätte, sondern so, daß die Städte im wesentlichen ein Durcheinanderverwobensein des Geisteslebens mit einer zentraleren, einer größeren horizontischen Verwaltung darstellen würden. Und kleinere Verwaltungen im Kreise von Wirtschaftsbetrieben würden mehr dezentralisiert daliegen. Das würde voraussetzen, daß die Verkehrsverhältnisse noch viel wirksamer würden als bisher. Diese sind nur nicht so weit vorgeschritten, weil man eben den Verkehr nicht nötig hat für die Produktion, wenn die Produzenten sich in die Städte zusammensetzen.

Es ist gar nicht so leicht, meine sehr verehrten Anwesenden, über die Dreigliederung zu reden, weil eben so viel von Anschauung darin liegt. Wenn man heute jemandem schildert, was da entsteht, so sagt er: Beweise mir das! – Ja, kein Mensch kann mir auch theoretisch beweisen, daß er morgen hungrig sein wird. Dennoch, aus den Erfahrungen heraus weiß man, daß er morgen hungrig sein wird. Und so stellt sich eben mit einem richtigen wirtschaftlichen Denken auch ein richtiges wirtschaftliches Vorherwissen ein. Sie müssen das als etwas Reales ansehen, was hier mit dem eigentlichen volkswirtschaftlichen Denken gemeint ist, daß man anfängt, ein solches Denken zu entwickeln, das wirklich selbst auch produktiv ist. Sonst könnte ich Sie fragen: Welchen volkswirtschaftlichen Wert hat die Volkswirtschaftslehre? – Eine bloß betrachtende hat einen ganz anderen volkswirtschaftlichen Wert – sie ist im wesentlichen Konsument –, als eine real gedachte; die ist im wesentlichen Produzent.

Frage: Schneider drücken den Preis ihres Erzeugnisses, wenn sie sich selbst versorgen bei Arbeitsteilung. Gilt das auch etwa für einen Knopf oder ein anderes Teilprodukt?

Rudolf Steiner: Ich habe als Junge in einem Dorf gelebt, wo ein Schuster war – Binder hat er geheißen. Dieser hat jeden Verkehr, den er nicht selber besorgt hat, zwischen sich und seinen Kunden abgelehnt. Er hat mir, meinem Vater, meiner Mutter, jedes einzelne Paar Stiefel, das er gemacht hat, selber gebracht. Woraus besteht nun das ganze Paar Stiefel? Es besteht in diesem Fall aus den Röhren – die hatten so lange Röhren –, aus dem, was oben ist, aus dem Ristteil, aus der Sohle und aus dem Gang des Schusters, den er zu verrichten hatte bis zu uns. Der gehört dazu. Es ist ganz gleichgültig, ob Sie nun von der Röhre oder der Sohle oder diesem Gang sprechen. Die Arbeitsteilung trat zuerst dadurch ein, daß man das Stück wegnahm, das den Gang ausmachte. Gerade beim Schneider ist das am radikalsten, weil man da nicht so leicht sieht, was da alles dazugehört. Wenn ich die Stiefel angezogen hatte, wußte ich: ich gehe auf dem Weg, den der Schuster gemacht hat!

Frage: Drückt man bei dem Knopf, wenn ich ihn selber herstelle, auch den Preis?

Rudolf Steiner: Da werden Sie ja auch unter Umständen am allermeisten verlieren; denn da können Sie ihn gar nicht brauchen!

Einwurf: Ich möchte annehmen, daß ich ihn brauche.

Rudolf Steiner: Dann kommt die Frage in Betracht, wozu Sie das Produkt brauchen. Wenn Sie es so verändern – es kann eine kleine oder große Veränderung sein –, daß es einen Wirklichkeitswert bekommt, dann werden Sie vielleicht nichts verlieren.

Bemerkung: Ich brauche es für den Konsum, also zur Vernichtung.

Rudolf Steiner: In der Landwirtschaft ist das so, daß da andere Korrekturen eintreten. Wenn die Arbeitsteilung durchgeführt wäre, würde es auch da gelten. Aber Sie werden kaum die Möglichkeit haben, dasjenige, was unter der Arbeitsteilung hergestellt ist, wenn Sie es zurückbehalten, so zu verwerten, daß es eine Verbilligung herstellt.

Ein Laib Brot ist noch sehr nahe der Landwirtschaft. Dennoch haben wir gerade mit diesem Laib Brot eine recht fatale Erfahrung gemacht. Wir haben aus ganz guten Absichten heraus – es war das vor dem Kriege – ein Mitglied unserer Gesellschaft veranlaßt, hygienisches und sonst gutes Brot herzustellen. Und dieses Brot wurde dann nur an unsere Mitglieder abgegeben, andere haben es nicht genommen. Das Brot wurde so teuer, daß es einfach nicht mehr ging.

Bemerkung: Das war eben Qualitätsbrot.

Rudolf Steiner: Wenn der Preisunterschied bloß der durch die Qualität berechtigte gewesen wäre, dann hätte man es rechtfertigen können. Der Preisunterschied war aber ein wesentlich größerer, nur bedingt dadurch, daß die allgemeine Produktion unter dem Prinzip einer weitergehenden Arbeitsteilung stand als die unseres Mitgliedes. Und er produzierte so, daß er seine Produktion nicht unter so viel Leute verteilte wie die anderen; so produzierte er wesentlich teurer.

Frage: Wie verhält es sich bei Modestücken?

Rudolf Steiner: Da stehen wir aber jetzt auf ästhetischem Gebiet, nicht mehr auf wirtschaftlichem. Ich wollte gar nicht die Frage berühren, ob es nicht vielleicht außerordentlich gut wäre, wenn auf gewissen Gebieten die Arbeitsteilung vermieden würde. Ich bin sogar dagegen, daß auf allen Gebieten die Arbeitsteilung durchgeführt wird, aber nicht aus wirtschaftlichen Gründen, sondern aus Geschmacksgründen. Ich finde es sogar greulich, wenn die Arbeitsteilung bis ins einzelnste zum Beispiel für die menschliche Kleidung durchgeführt wird. Aber da müssen wir sagen: Wir müssen selbstverständlich das freie Geistesleben geltend machen, das uns natürlich zunächst etwas kosten würde. Es würde einzelne Dinge verteuern, aber es würde ein Ausgleich stattfinden, trotzdem einzelne Produkte, die man nicht in die Arbeitsteilung einbezieht, teurer werden. Das bitte ich nicht so zu verstehen, daß ich ein Fanatiker werden will. ...

Frage: Wie liegen die Dinge, wenn bedeutend mehr Händler da sind, als wirtschaftlich gerechtfertigt sind?

Rudolf Steiner: Bei dem, was ich gesagt habe, ist die Voraussetzung, daß gerade so viel Händler sind, als wirtschaftlich gerechtfertigt ist. Wir haben es da nicht mit einer geradlinig gehenden Progression, sondern mit einer Maximum-Minimum-Richtung zu tun. Bei einem bestimmten Punkt von Händlerzahl haben wir den günstigsten Einfluß des Händlertums. Darunter und darüber ist er ungünstig.

Frage: Ist die Zahl festzustellen?

Rudolf Steiner: Wenn überhaupt vernünftig gewirtschaftet wird, dann stellt sich die Händlerzahl ebenso fest wie die Produzentenzahl. Heute haben Sie ja nirgends das Prinzip des vernünftigen Wirtschaftens. Man bedenkt nicht, wie ungeheuer viel unnötige Arbeit geleistet wird. Denken Sie doch an den Buchdruck. Wenn Sie alle diese unnötige Arbeit ersparen würden, dann würden Sie überall eine Annäherung an die natürlichen Zahlen kriegen. Ersparung von unnötiger Arbeit liefert schon eine Verminderung der natürlichen Zahlen der in einer Branche beschäftigten Personen. Heute ist die Sache so, daß tatsächlich das Händlertum mehr verbraucht als die Produzenten selber. Wenigstens für Deutschland.

Eine bestimmte Anzahl von Händlern muß für jeden Artikel da sein. Aber Sie werden schließlich da auch bedenken müssen, daß manchmal selbst das Händlertum maskiert ist. Es ist durch etwas anderes, durch das Mannigfaltigste ersetzt. Denken Sie nur, wieviel zum Beispiel an Händlertum dadurch ersetzt werden kann, daß man Großbazare begründet. Dadurch wird eine ganz andere volkswirtschaftliche Kategorie geschaffen.

VIERTE SEMINARBESPRECHUNG

Dornach, 3. August 1922

Frage: Kann man noch von Wert sprechen, wenn ein Ding seinen Zweck erfüllt hat? Wie verhält es sich, wenn das Ding neu in den volkswirtschaftlichen Prozeß hineinkommt? – Bedeutet der Abbruch eines Hauses Entwertung durch menschliche Arbeit? Hat diese Entwertung irgendeinen Sinn oder nicht? – Kann man nur dann von Entwertung durch menschliche Arbeit sprechen, wenn neue Werte nicht geschaffen werden?

Rudolf Steiner: Sprechen Sie sich darüber aus! Es werden sich Themen ergeben, zum Beispiel Steinkohle – Braunkohle. Es könnte jemand auf die Idee kommen, daß die Steinkohle einfach als Substanz ein wertvolleres Objekt wäre als die Braunkohle. Aber er würde dann seine These zu verteidigen haben. Das andere wäre die etwas gewagte These, daß mechanische Arbeit in der Regel nicht verteuernd wirkt. Da werden die verehrten Anwesenden dies oder das einzuwenden haben. Dann ist die Frage der Werterteilung und Entwertung nicht damit erschöpft, daß man Ausnahmeerscheinungen anführt, wie die U-Boote, sondern es würde sich darum handeln, daß man doch im kontinuierlichen Prozeß des Volkswirtschaftslebens wirtschaftlich notwendige Entwertungen eben durch Arbeit herbeiführen muß.

Verschiedene Zwischenfragen.

Rudolf Steiner: Es handelt sich darum, ob man – auch ganz im wirtschaftlichen Sinne – von Wertung und Entwertung durch Arbeit sprechen kann oder nicht. Wenn Maschinen entwertet werden, so würde das volkswirtschaftlich Verbrauch sein. Es handelt sich nicht darum, ob das Ziel einer Arbeit die Entwertung ist, sondern ob im wirtschaftlichen Prozeß Entwertungen notwendig sind, die nur durch Arbeit geleistet werden können.

X: Die Entwertung von Werten durch Arbeit kommt zu dem Zweck vor, nachträglich höhere Werte an den Platz zu stellen (Zwischenwerte).

Rudolf Steiner: Dieses Beispiel kann angeführt werden. Es ist aber nicht absolut einwandfrei. Ein viel einfacheres Beispiel ist ein ganz alltägliches: Wenn Sie Zwirn durch Arbeit auf eine Spule aufwinden, so haben Sie damit ein Produkt hergestellt. Es entsteht dadurch, daß Arbeit geleistet wird, eben dieses Zwirnspulen. Wenn ich die Arbeit weiter fortsetze, so muß ich wiederum entspulen. Da sind tatsächlich Arbeiten notwendig. Bei Zwischenverrichtungen ist es notwendig, daß im Prozeß erzeugte Arbeiten wiederum aufgelöst werden.

Frage: Würde dasselbe beim Umlagern von Produkten vorliegen?

Rudolf Steiner: Es würde mindestens stattfinden, wenn Sie eine Bahn in eine andere Lage bringen. Da müssen Sie den ersten Wert entwerten, um dem zweiten den richtigen Wert zu geben. Wenn Sie hier eine Bahn haben, und Sie wollen sie hierher legen, dann haben Sie durch Umlagerung eine solche Entwertung vorgenommen. Und solche Dinge finden sich schon überall. Das würden Entwertungen sein, die notwendig werden und zu deren Verrichtung Arbeit notwendig ist. Man bemerkt sie nur gewöhnlich nicht. Sie sind aber überall vorhanden. Sie brauchen nur den Kohlenschaufler zu nehmen, der die Kohlen für die Lokomotive anschaufelt. Der Heizer muß sie wieder entschaufeln. Sie können, wenn Sie bloß die Begriffe festhalten wollen, sagen: Das ist ein fortlaufender Prozeß. – Das würde aber nicht genügen. Sie müßten berechnen, da hier der fortlaufende Prozeß nicht unmittelbar geleistet werden kann, was der fortlaufende Prozeß kosten würde, wenn ich überall die Kohle vorbereitet hätte, im Gegensatz zu dem, was es kostet, wenn ich immer einen Teilprozeß ausführe und ihn wieder zerstören muß.

Frage: Verpackungsindustrie würde auch ein Beispiel sein?

Rudolf Steiner: Ja gewiß. Ein ganz eklatantes Beispiel, wo Sie wirklich den Begriff der Verwertung nicht anführen können und auch nicht den des bloßen Verbrauchs durch Abnützen, wie beim Schleifen von Rasiermessern. Da wird ein Wertprodukt zerstört, und das ist eine notwendige wirtschaftliche Arbeit. Der Verbrauch besteht nur im Stumpfwerden. Aber um es ganz zu entwerten, ist Arbeit notwendig.

Frage: Altes Eisen sammeln – verkaufen – umschmelzen – wieder verwenden –, kann man das Umschmelzen auch eine Umwertung nennen?

Rudolf Steiner: Das ist gleichbedeutend mit dem Verwerten von Abfall. Das würde man nicht eine Entwertung nennen können.

Bemerkung: Der eine Prozeß ist aber abgeschlossen!

Rudolf Steiner: Ja, und dann entdecke ich, daß ich das, was da wie ein Naturprodukt vorliegt, neu verwerten kann. Es muß das Kriterium vorliegen, daß die menschliche Arbeit notwendig ist, um einen Entwertungsprozeß herbeizuführen.

Das Einschmelzen beim Eisen ist nicht eigentlich ein Abbauprozeß. Gewiß, die Dinge können zweifelhaft sein. Man kann etwas so und so auffassen. Es könnte auch als Entwertungsprodukt aufgefaßt werden.

Frage: Entwertung durch den Krieg – Granaten gedreht – einfach verpulvert?

Rudolf Steiner: Für den, der nicht der Sieger ist, ist das eine Entwertung.

Frage: Kann man überhaupt das, was an Kriegsausrüstungen geschieht, als Werteschaffung im wirtschaftlichen Sinn ansprechen?

Rudolf Steiner: Das kann erst volkswirtschaftlich werden in seinen Folgen. Wertebildend ist die Kriegsindustrie nicht, solange sie bloß auf Vorrat geht. Da ist sie eigentlich eine Arbeit, die eine – man kann nur nicht sagen: eine notwendige – Zerstörungsarbeit ist.

Bemerkung: Was verbraucht wird über den normalen Bedarf hinaus, Kriegsutensilien und so weiter, ergibt zum Beispiel nach Beendigung des Krieges ein Manko.

Rudolf Steiner: Es ist ins Auge zu fassen, daß der abnorme Verbrauch, der da eintritt, eine gewisse Verwandtschaft hat mit dem Verbrauch der Rentiers in einer wirtschaftlichen Gemeinschaft. Dieser Verbrauch ist gegeben. Wenn man ihn durchaus rechtfertigen will – heute wird man ihn bekämpfen –, so gibt es natürlich für alle Dinge eine gewisse Rechtfertigung. Der Verbrauch der Rentiers ist zu rechtfertigen, wenn die Bodenproduktion einen größeren Ertrag liefert, als normalerweise aufgebraucht werden kann von der anderen Bevölkerung. Zur Herstellung des wirtschaftlichen Gleichgewichtes ist unter Umständen der Verbrauch der Rentiers gut. Und von diesem Gesichtspunkt aus gibt es eine volkswirtschaftliche Rechtfertigung der Wehrmacht. Diese Rechtfertigung liegt darin, daß die Leute sagen: Die Dinge sind da, und man kann sie herstellen. Es wäre kein wirtschaftliches Gleichgewicht, es müßten so und so viele arbeitslos bleiben, wenn eben nicht die Wehrmacht konsumieren würde, ohne daß sie eigentlich produziert. Denn sie produziert eigentlich nichts.

Frage: Ist Wehrmacht nicht ähnlich zu betrachten wie beizen des Weizens oder ähnliches?

Rudolf Steiner: Diese Anschauung ist da: in der Schule von *Rodbertus*. Die Verteidigung wird unter die produktiven Faktoren gerechnet. Es handelt sich dabei darum, ob man sich eine Volkswirtschaft denkt unter gewissen Voraussetzungen oder ohne diese Voraussetzungen oder mit anderen Voraussetzungen. Wenn man sich also vorstellen würde, daß die Verteidigung durch eine Wehrmacht nicht notwendig wäre, so würde sie entfallen. Aber die Feuerlöschmaschine kann nicht entfallen, weil die einem notwendigen Verbrauch entspricht wie das Frühstück. Wer die Wehrmacht für absolut notwendig hält, der muß sie für einen notwendigen Verbrauch ansehen. Aber da beginnt die Möglichkeit der Diskussion über die Verbrauchsfrage. Man kennt Menschen, die das Merkwürdigste für absolut unentbehrliche Gebrauchsdinge halten. Da spielen in die Bewertung die Begriffe des Gebrauchs hinein. Und die sind labil.

Frage: Mechanische Arbeit, zum Beispiel Wasserkräfte durch Turbinen, erspart menschliche Arbeit. Erfolgt die Bewertung so, als ob die mechanische Arbeit durch menschliche Arbeit geleistet würde?

Rudolf Steiner: Denken Sie sich die Waage, die ungleicharmige Hebelarme hat, so habe ich an einem Hebelarm eine große Last, und ich muß dann am anderen das Gewicht verschieben. So kann ich mit einem ganz kleinen Gewicht hier rein durch die Lage ein ganz großes im Gleichgewicht halten. So ist es mit der volkswirtschaftlichen Verteilung bei solchen Dingen, wie Sie sie «mechanische Arbeitsleistung» genannt haben. Die Arbeit, die geleistet werden muß, wird nur in dem Verhältnis kleiner – wie hier bei der Waage. Aber ein gewisses Quantum, das gegeben ist, von wirklich aufgebrachter Arbeit, werden Sie immer finden, auch bei mechanischen Arbeitsleistungen. Sie können sich nicht ohne weiteres durch die Natur etwas besorgen lassen. Wenn Sie bloß einen Stein auf etwas legen wollen, damit er Arbeit leiste, müssen Sie ihn zum mindesten holen. Sie müssen immer eine kleine menschliche Arbeit aufwenden. Die Dinge gehören aber überhaupt nicht in die Volkswirtschaft hinein, wo durch die Umstände das Verhältnis von aufgewandter Arbeit zu der Leistung funktionell bedingt wird.

Frage: Die mechanische Arbeit an sich verteuert doch nicht die Produkte?

Rudolf Steiner: Wenn Sie die Arbeit im ganzen Zusammenhang betrachten, dann müssen Sie überall eine Quote rechnen.

Frage: Wie stellt sich die entwertende Arbeit in den volkswirtschaftlichen Prozeß hinein?

Rudolf Steiner: Wenn Sie einen fortlaufenden volkswirtschaftlichen Prozeß haben, in dem Sie entwerten müssen – nehmen Sie an, Sie haben einen so großen Rasierladen, daß Sie einen besonderen Arbeiter anstellen müssen für das Schleifen der Messer –, so müssen Sie natürlich die Arbeit dieses Arbeiters in einer anderen Weise bilanzieren, als Sie die Arbeit der Rasierenden bilanzieren. Gewiß, es ist äußerlich angesehen auch eine Arbeit, aber im volkswirtschaftlichen Prozeß steht sie anders drinnen, nämlich negativ.

Frage: Was geschieht denn bei der Entwertungsarbeit? Das ist ja eine Schenkung, weil ihr kein Gegenwert entspricht.

Rudolf Steiner: Nur die Vorzeichen des Wertes ändern sich. Es ist überall dasselbe. Haben Sie eine Wertentstehung, die Sie im fortlaufenden volkswirtschaftlichen Prozeß als positiv (+) bezeichnen, dann müssen Sie die Entwertung negativ (–) bezeichnen, während, wenn nichts geschieht, Sie null einsetzen.

Bemerkung: Wenn eine neue Maschine einen Prozeß ersetzt, so wird das Produkt billiger, einfach weil Arbeit gespart wird. Ob wertebildende oder entwertende Arbeit, das ist ganz gleichgültig.

Rudolf Steiner: Ja, die Sache ist so, daß Sie immer im Effekt dasselbe herausbringen können. Dafür bleibt es immer noch eine Gliederung in Wertebildung und Entwertung. Es ist selbstverständlich, daß sich, wenn Sie daraus eine Summe ziehen, eine positive Summe ergibt, wenn eine Maschine überhaupt noch gebraucht werden soll. ... Was sich fragt, ist lediglich dieses, ob man nötig hat, Arbeiten aufzuwenden für Auflösungen, also für Entwertungen von Werten, die schon zustande gekommen waren im volkswirtschaftlichen Prozeß.

Frage nicht notiert.

Rudolf Steiner: Es wird notwendig sein, damit keine unklaren Begriffe bleiben, einzugehen auf jene Tasse Tee, deren Austrinken eine wirtschaftliche Arbeit sein soll.

Einwand: Ich kann das nicht als Arbeit gelten lassen. Das Kriterium von Arbeit fehlt.

Weitere Bemerkung: Wenn man Nahrung zu sich nimmt, dann schafft man doch erst in sich die Werte, die imstande sind, weitere Arbeit zu liefern, genau so wie wenn man Maschinen schafft, die Werte bilden sollen.

Rudolf Steiner: Es ist aber nicht möglich, dasjenige, was im Menschen geschieht, in die Volkswirtschaft einzurechnen. Das würde dazu führen, daß man die marxistische Theorie herausbekäme.

Dagegen muß der Herr etwas anderes gedacht haben. Sie haben doch irgendwie im Kopf, daß das Austrinken einer Tasse Tee einen wirtschaftlichen Wert liefern könnte, also wirtschaftlich Arbeit ist.

Bemerkung: Wenn ein geistiger Arbeiter unterstützt wird mit wirtschaftlichen Werten, so wird der vorläufige Erfolg sein, daß er essen kann und geistig regsam oder frisch wird. Die Folge wird zunächst innerhalb seiner Persönlichkeit bleiben; aber es bleibt nicht dabei. Die Folgen strahlen hinaus in den wirtschaftlichen Prozeß. Das wären die vom Subjekt ausgehenden Folgen.

Rudolf Steiner: Die sind aber nicht in den volkswirtschaftlichen Prozeß ohne weiteres hineinzukriegen, wenn nicht etwas hinzutritt. Denn Sie können nicht das Austrinken der Tasse Tee als produktiv ansehen. Die Tasse Tee würde nur dann wirtschaftlich in Frage kommen, wenn Sie etwas produzieren wollten, Sie würden außer Ihrer gewöhnlichen Nahrung noch eine Tasse Tee trinken und dadurch mehr arbeiten können, als Sie ohne die Tasse Tee gearbeitet haben. Da würde es sich darum handeln, ob man das als eine volkswirtschaftliche Leistung auffassen könnte.

Bemerkung: Dadurch daß ich Tee konsumiere, kann in den Kolonien Tee gepflückt werden. Ich entwerte eigentlich, indem ich die Möglichkeit wieder schaffe, daß neue wirtschaftliche Werte erzeugt werden.

Rudolf Steiner: Wollen Sie im positiven Sinn die volkswirtschaftlichen Werte feststellen, so kommen Sie auf ein anderes Niveau, wenn Sie die Frage erörtern, inwiefern der Konsum notwendig ist, um den volkswirtschaftlichen Prozeß fortzuführen. Das ist eine Frage, die eigentlich mit der Volkswirtschaft als solcher nichts zu tun hat.

Bemerkung: Ich möchte die Entwertung, die darin besteht, daß die Tasse Tee getrunken wird, damit man wieder Arbeit leisten kann, auf dieselbe Stufe stellen wie das Beispiel vom Arzt und Schuhmacher. Der Teepflücker wendet Arbeit auf. Ich trinke den Tee. Der Teepflücker dient dazu, mich wieder in die Lage zu setzen, Arbeit zu leisten.

Rudolf Steiner: Wenn wir die Frage so stellen, dann wird beim Teepflücken aus dem Naturprodukt Tee ein wirtschaftlicher Wert. Das ist die Entstehung eines wirtschaftlichen Wertes. Wird aber beim Austrinken des Tees im selben Sinn ein wirtschaftlicher Wert entstehen oder vergehen?

X: Er wird vergehen, wird entwertet.

Y: Ich möchte sagen, er wird umgewertet.

Rudolf Steiner: Diese Umsetzung kann man eigentlich nicht vollziehen; denn dann müßten Sie jeden Konsum, jeden Verbrauch bloß als einen Umsatz bezeichnen.

Bemerkung: Umsatz in Energie.

Rudolf Steiner: Dann kommen wir aus dem volkswirtschaftlichen Gebiet heraus und in das naturwissenschaftliche hinein. Da schalten

Sie einen Naturprozeß ein, der nicht mehr zum volkswirtschaftlichen gehört.

Nehmen Sie den Prozeß des Teetrinkens! Sie trinken den Tee aus. Nun haben Sie diesen Wert, der da erzeugt worden ist, verschwinden lassen aus dem volkswirtschaftlichen Prozeß. Das ist gar keine Frage. Jetzt werden Sie meinetwillen durch den Tee sogar gestärkt – ich will diese Voraussetzung machen –, verrichten eine volkswirtschaftliche Arbeit. Diese als solche ist noch kein Wert, sondern ist ein Wert, wenn Sie sie auf ein Naturprodukt anwenden. Und nun beginnt erst wiederum die volkswirtschaftliche Wertbildung in dem Momente, wo Sie an das Naturprodukt herantreten. Die Frage entsteht gar nicht bei der Wertbildung, ob Sie nun kräftiger geworden sind oder nicht, sondern die Wertbildung beginnt erst nach Ihrem Kräftigerwerden. Also, was in Ihnen vorgeht durch das Teetrinken, ist, auch wenn Sie ein Athlet werden durch das Teetrinken, nicht das, was Sie in den volkswirtschaftlichen Prozeß hineintragen.

Dieser Naturprozeß muß so ausgeschaltet werden wie der Wert von Grund und Boden. Natürlich können Sie ihn einschalten, dann ist es ein Analogon, wie wenn Sie in die volkswirtschaftlichen Prozesse, ohne daß menschliche Arbeit dazu verwendet wird, Regenwürmer einschalten würden. Wenn die Regenwürmer durch den Acker gehen, so machen sie den Acker fruchtbar. Das können Sie nicht in den volkswirtschaftlichen Prozeß einschalten. Versuchen Sie es nur einmal, dies in den weiteren Ergebnissen zu verfolgen. Sie werden auch sehen: würde man es als wertebildend ansehen, wenn Sie durch den Verbrauch stärker werden, dann würde man in eine volkswirtschaftliche Ordnung hineinkommen, wo die Arbeit für sich allein schon wertebildend wäre. Sie ist das erst in Verbindung mit der Natur oder dem menschlichen Geist.

Es ist nicht möglich, Volkswirtschaftliches herauszubekommen, wenn man im Menschen oder in der Natur liegende Prozesse mit in die Volkswirtschaft hineinnimmt.

Frage: Wie will man die Schenkung da betrachten?

Rudolf Steiner: Ich darf bei der Schenkung von einer Entwertung sprechen, weil ich, solange ich bloß menschliche Fähigkeiten im Auge habe, für die ich die Schenkung verwenden kann, noch nicht von Volkswirtschaft spreche. Zuerst, wenn ich ein Stipendium gebe, lasse ich diesen Wert verschwinden im volkswirtschaftlichen Prozeß, bis er wieder heraufkommt.

Bemerkung: Man sieht beinahe, wie die Schenkung weiter wirkt.

Rudolf Steiner: Was weiter wirkt, hängt sehr stark von solchen Faktoren ab, die sich überhaupt jedem Rechnungsansatz absolut entziehen. Sonst müßten Sie zum Beispiel Fleiß volkswirtschaftlich einsetzen. Fleiß würde aber volkswirtschaftlich ein fiktiver Wert sein, nicht nur ein fiktiver, sondern sogar ein unmöglicher Wert.

Ich würde im moralischen Sinn, wenn ich, sagen wir, eine Werkstätte hätte, meine Arbeiter tadeln, wenn sie faul sind; volkswirtschaftlich werde ich sie erst tadeln, wenn sie mir nichts hervorbringen. Volkswirtschaftlich geht mich nur das an, was sie hervorbringen. Moralisch geht mich an, ob sie fleißig oder faul sind.

Frage: Von Arbeit könnte man erst sprechen in einer arbeitsteiligen Wirtschaft?

Rudolf Steiner: Erst wenn in der Arbeit die Gegenseitigkeit füreinander beginnt, kann man von volkswirtschaftlicher Arbeit sprechen.

Frage: Könnte man in der primitiven Wirtschaft von Arbeit sprechen?

Rudolf Steiner: Dann könnte man davon sprechen, wenn man ins Auge faßt, daß der Vater eine gewisse Arbeit tut, daß er konsumiert und auch seine Frau, seine Söhne, seine Töchter konsumieren, die Töchter wieder andere Arbeit verrichten und so weiter, also füreinander arbeiten, dann erst.

Frage: Also wie kommt man überhaupt zu einem Begriff der Arbeit?

Rudolf Steiner: Ein Begriff der Arbeit ist sehr leicht zu bilden im volkswirtschaftlichen Sinn. Er liegt dann vor, wenn man ein Naturprodukt vor sich hat, das durch menschliche Tätigkeit verändert worden ist mit dem Zweck, konsumiert zu werden.

Frage: Ob es konsumiert wird, ist gleichgültig?

Rudolf Steiner: Es muß wenigstens konsumfähig gemacht werden, denn dann hat es den Wert.

Frage: Muß man auch dann immer auf das Naturprodukt oder das Objekt schauen, wenn ein Wert entsteht durch geistige Organisation von Arbeit, oder muß man nachsehen, ob ein Objekt da ist, auf das die organisierte Arbeit verwendet worden ist?

Rudolf Steiner: Da können Sie nicht auf ein Objekt schauen, denn es ist unter Umständen in dem Zusammenhang, mit dem Sie es zu tun haben, ein bleibendes Objekt nicht da. Der Geist kann aufgewendet werden lediglich auf Einteilung, Gliederung der Arbeit. Dann hat man es unter Umständen mit keinem Objekt zu tun.

Frage: Dann fällt es nicht in den Begriff der Arbeit hinein?

Rudolf Steiner: Das ist ein sekundärer Begriff. Arbeit ist jene menschliche Tätigkeit, die aufgewendet wird, um ein Naturprodukt konsumfähig zu machen. Das ist im volkswirtschaftlichen Sinn die Arbeit. Diese müssen Sie jetzt als einen Endbegriff auffassen. Nun kann der Geist darüberkommen und diese Arbeit gliedern. Aber im Verlauf kann sich dasjenige, was Sie nun fassen wollen als einen zusammenhängenden wirtschaftlichen Prozeß, einfach entfernen vom Naturprodukt. Es kann in bloßer Gliederung, in bloßer Einteilung der Arbeit bestehen.

Frage: Wenn aber die Entwertung durch Arbeit dazukommt?

Rudolf Steiner: Entwertung ist nur für den Wert negativ. In bezug auf das Konsumfähigmachen gehen Sie nicht zurück. Sie gehen nur zurück in bezug auf die Werterteilung.

Bemerkung: In bezug auf das Konsumfähigmachen ist eben doch ein Rückgang von einem höheren Prozeß zu einem niedrigeren vorhanden.

Rudolf Steiner: Sie wickeln zuerst die Spule auf. Dazu ist Arbeit nötig. Da haben Sie einen Wert gebildet. Und jetzt wickeln Sie die Spule ab. Da zerstören Sie den Wert. Wenn Sie aber die Sache betrachten, so werden Sie finden, daß ein konsumfähiges Produkt bis zu der Zerstörung entstanden ist, und nachher ist das Endziel der Arbeit wieder ein konsumfähiges Produkt. Bei der Arbeit handelt es sich darum, ein naturgegebenes Ding konsumfähig zu machen. Sie haben eben nur einen Unterkonsum eingeschaltet. Sie brauchen so und so viele solcher Vorgänge, um sie von anderen Vorgängen konsumieren zu lassen. Bei diesem Konsumieren, wo die Entwertung stattfinden muß, wird eine notwendige Arbeit geleistet.

Bemerkung: Nutzlose Arbeit muß eben als Arbeit bezeichnet werden, weil deren Produkt bis zur Konsumfähigkeit gebracht worden ist.

Rudolf Steiner: Wenn Sie den Begriff der volkswirtschaftlichen Arbeit haben wollen, so müssen Sie ihn so definieren, aber es ist der Begriff der volkswirtschaftlichen Arbeit noch nicht ein Wert. Es ist nur die Arbeit definiert. Es handelt sich durchaus nicht in der Volkswirtschaft darum, volkswirtschaftliche Arbeiten anzubringen, sondern Werte zu erzeugen.

X: Der Unterrichtende verrichtet auch Arbeit.

Rudolf Steiner: Das ist die Frage. Das ist tatsächlich nicht so einfach zu beantworten.

X: Ich meine die freie geistige Tätigkeit.

Rudolf Steiner: Diese gehört in das Gebiet der Entwertung, aber nicht der Entwertung durch Arbeit.

X: Aber in die Zukunft hinein ist er der Produzierende. Zu diesem Zweck leistet er Arbeit.

Rudolf Steiner: Da bekommen wir die Möglichkeit, immer weiter den Begriff der Arbeit zu verfolgen. Man muß natürlich den Unterricht im höchsten Maße als einen volkswirtschaftlichen Wert bezeichnen, aber es fragt sich, ob man, wenn man anfängt den Begriff der Arbeit im volkswirtschaftlichen Prozeß sich vorzustellen, dann von diesem Begriff noch irgend etwas festhalten kann, wenn man den Unterricht Arbeit nennt. Arbeit wird natürlich schon verrichtet, indem der Unterrichtende spricht, herumgeht, sich abnützt. Es wird eine Art von

Arbeit verrichtet. Aber die ist nicht das, was in den volkswirtschaftlichen Prozeß einfließt. In diesen fließt seine organisierende Tätigkeit ein, die nicht einmal in Zusammenhang ist mit dem, was er als Arbeit verrichtet. Daher ist die Arbeit als Unterricht eine so verschiedene. Ein Zappelfritz kann viel Arbeit verrichten durch Zappeln. Ein anderer kann viel Arbeit verrichten auch durch Durchhauen. Der aber, der mit gewissem ruhigem Takt den Unterricht erteilt, wird auch eine Arbeit verrichten. Aber die ist es nicht, die in den volkswirtschaftlichen Prozeß hineingeht, sondern es ist seine freie geistige Wirksamkeit.

Bemerkung: Auch bei der Arbeitsleistung strengt sich der eine viel an und erreicht wenig, der andere strengt sich wenig an und erreicht viel.

Rudolf Steiner: Da haben wir auch schon relativ sich befreiende Arbeit. Wir haben auf der einen Seite tatsächlich an das Objekt gebundene Arbeit. Die wird immer freier vom Objekt. Bei der freien Geistigkeit ist sie ganz losgelöst vom Objekt. Und das, was der Betreffende «arbeitet», ist irrelevant. Die Arbeit des Lehrers ist für den volkswirtschaftlichen Prozeß nicht das, was *für ihn* im volkswirtschaftlichen Prozeß weiter in Betracht kommt. Seine Kapazität, seine Bildung, alles andere kommt volkswirtschaftlich in Betracht, nur nicht was er als Arbeit verrichtet.

Frage: Warum ist die freie geistige Tätigkeit entwertend?

Rudolf Steiner: Sie ist entwertend in dem Sinn, daß sie dasjenige, was auf der einen Seite an Werten gebildet wird, wiederum aufhebt. Die Römer haben eine sehr feine instinktive Volkswirtschaft gehabt – nur war das für einen anderen Volkscharakter passend –, indem sie nicht allein von Brot gesprochen haben, sondern von Brot und Spielen. Und sie haben beides, Brot und Spiele, eingerechnet in dasjenige, was in den sozialen Organismus hineinkommen soll von ihrem Standpunkt aus. Sie sagten sich: Ganz genau wie, wenn ich einen Laib Brot erzeuge, er wiederum verschwinden muß – er muß wirklich verschwinden –, so muß dasjenige, was an Arbeit für die Broterzeugung da ist, tatsächlich im sozialen Prozeß wiederum verschwinden durch das, was an Arbeit verwendet wird, um das Spiel zu verrichten. Es ist ein gegenseitiges Aufzehren, wie überall, wo Organismus ist, ein wechselseitiges Auf- und Abbauen ist. So auch hier. Sie können also tatsächlich sehen, wie die geistige Betätigung, die auf der anderen Seite geleistet wird, nicht den Prozeß fortsetzt, sondern ihn zurückführt. Deshalb habe ich es immer als Kreislauf gezeichnet. Natur, Arbeit, Kapital. – Natur, Arbeit, Kapital kehrt wiederum in sich zurück und der ganze Prozeß ist aufgehoben, wenn es wiederum zu der Natur zurückgekommen ist.

Frage: Kann man auch die privatwirtschaftliche Arbeit miteinbegreifen in den volkswirtschaftlichen Begriff?

Rudolf Steiner: Muß man auch! Innerhalb der Privatwirtschaft ganz gewiß.

Einwand: Ich meine: ich kann die Privatarbeit nicht in den Begriff der Volkswirtschaft einbeziehen.

Rudolf Steiner: Das rührt davon her, daß hier eine Undeutlichkeit im Wort ist. Es liegt die Undeutlichkeit vor, daß man Volkswirtschaft schon eine Zusammenfassung von Privatwirtschaften nennt. Man müßte einen übergeordneten Begriff haben.

Frage: Ist Arbeit nur die Tätigkeit, die auf ein ganz bestimmtes Objekt zu richten ist, um es konsumfähig zu machen?

Rudolf Steiner: Das ist der Fall. Man hat die Aufgabe, im Volkswirtschaftlichen nicht einfach, ich möchte sagen, abstrakt philosophische Definitionen zu bilden. Das ist unter Umständen etwas, was man sich zum philosophischen Zeitvertreib oder zur Trainierung gut auferlegen kann. Aber in der Volkswirtschaft handelt es sich nicht darum, *richtige Begriffe* zu bilden, sondern *Begriffe, die man anwenden kann.* Gerade solche Leute, wie der Nationalökonom *Lorenz von Stein,* haben wunderbar scharfsinnige Begriffe gebildet; aber eine ganze Menge – kann man sagen – interessiert nur den Wirtschaftsphilosophen. Sie haben keine volkswirtschaftliche Anwendung.

FÜNFTE SEMINARBESPRECHUNG

Dornach, 4. August 1922

X stellt das Problem der Valuta und ihrer Schwankungen zur Diskussion. Er vermutet, daß bestimmte Persönlichkeiten dahinterstehen.

Rudolf Steiner: Das gibt es, das gehört zu den Teilursachen. Es ist sehr schwer zu sagen, daß irgend etwas die Hauptursache ist, weil sich das zu den verschiedenen Zeiten sehr geändert hat. Aber es fließen in den Valutazuständen die allerverschiedensten Ursachen zusammen. Die Hauptursache bei den neueren Valutaverlusten ist die möglich gewordene Diskrepanz zwischen der Gold- und Papierwährung im eigenen Lande.

Es ist im wesentlichen so, daß die Goldwährungen in den valutaschwachen Ländern nicht mehr eine ausschlaggebende Rolle spielen. Dagegen sind in den Ländern mit guter Währung eben die Deckungen noch da, was natürlich bedingt, daß solche Länder, die Goldwährungen haben, wesentlich anders in ihren Kreditverhältnissen dastehen als die anderen. Zuerst ist die Valutafrage eine Kreditfrage. Dann natürlich, wenn so etwas auftritt wie die Kreditschädigung eines Wirtschaftsgebietes, kann man auch wiederum eine solche Ursache benutzen, um weiterzugehen. Man kann börsenmäßig den Kredit wiederum heruntertreiben. Dazu kommen die doch ziemlich sinnlosen Unternehmungen im eigenen Land. Es ist ganz ohne Frage, daß gegenwärtig kein Grund vorhanden ist für den Sturz der deutschen Mark in dem Umfang, wie er wirklich geschehen ist, sondern daß da wesentlich mitwirkt die Spekulation des eigenen Landes, das Verkäufe ins Ausland macht und dadurch auch noch das Seinige hinzutut. Das alles bringt dann einmal die Valuta ins abschüssige Rollen. Dann geht es wie in Österreich. Was in Rußland noch mitgewirkt hat, ist schwer zu sagen. In Österreich und Deutschland ist die Sache ausgegangen von der Goldbestandsabnahme, von der Abnahme der Kreditverhältnisse, von der Spekulation im eigenen Lande. In Deutschland wird spekuliert auf die Ausfuhr, in Österreich wird gerade jetzt so spekuliert, daß man den auswärtigen Bestand zurückhält, wodurch er noch teurer wird, so daß in Österreich die Krone durch Franken, Dollar und so weiter, die im eigenen Lande sind, heruntergedrückt wird. Dieses könnte gar nicht sein, wenn nicht schon die hochvalutigen Währungen in den Aufstieg gekommen wären. Dann kann es sogar im eigenen Lande fortgesetzt werden, und dadurch kann diese Sache ins Unermeßliche gehen. Aber es war der Anfang zum Übel, daß in so außerordentlich starkem Maße das deutsche Gold während des Krieges gesammelt und an den Staat abgeführt worden ist, der dafür gesorgt hat, daß das Gold außer Landes gekommen ist. Unter dem Volk ist gar kein Gold. Das ist das Wesentliche. Man kann heute den Goldbestand der Reichsbank nur vergleichen mit dem Gesamtgoldbestand des Volkes vor dem Kriege.

Es sind natürlich andere Momente dazugekommen, aber die sind gar nicht zu fassen. Es braucht ja nur eine bestimmte Währung in einem Lande zurückbehalten zu werden, so wirkt das wiederum auf die Valuta. Je nachdem Valuta im Ausland ist, kann man eine Beschleunigung oder Verzögerung einleiten; danach sinkt und fällt die Valuta des valutaarmen Landes. Von dieser Seite her haben einzelne Persönlichkeiten ein leichtes Spiel, den anderen Staat zu schädigen. Wieviel von der eigenen Schuld des Landes herrührt, ist schwer festzustellen. Es wird eine ganz erkleckliche Summe sein, die da gespielt hat in der Spekulation einzelner Leute.

Frage: Manche sagen, die Schuld an dem Valutaelend liege in der Veränderung der Zahlungsbilanz der schlechteren Länder gegenüber den anderen Ländern. Bei Deutschland kämen zu dieser Verschlechterung hauptsächlich die Ausgaben ans Ausland hinzu, ohne daß Gegenwerte hereinkommen. Da entstehe ein Saldo zugunsten der Entente. Das sei das maßgebende.

Rudolf Steiner: Das hätte nie zu einer solchen Entwertung der Valuta führen können, wie sie sich in Deutschland und Österreich findet. Die Meinung, daß die Diskrepanz zwischen Goldwährung und Papiergeld nur die Außenseite sei, ist aus dem Grunde nicht richtig, weil einfach die Tatsache besteht, daß vor dem Kriege die Papierwährung durch Goldwährung gedeckt war. Das ist eine reale wirtschaftliche Tatsache. Und nun kommt dieses eben in Betracht, daß, solange im wesentlichen Golddeckung da ist für die Papierwährung, im wesentlichen keine Inflation stattfindet. So hängt das zusammen. Wenn das Gold fort ist, so tritt die Inflation ein. Und da können Sie mit jener sinnlosen Inflation, die nur möglich war, weil man nicht eine Notwendigkeit fühlte, mit der Goldwährung noch zu rechnen, das Geld natürlich so billig als möglich machen. Also weil wir die Goldwährung haben durch die Macht Englands, liegt im wesentlichen doch im Hinaufschnellen des Goldes, wenn es nicht da ist, eine von den Ursachen, die zuerst spielen, und die dann den Kredit untergraben. Und dann, wenn die Sache ins Kreditgeld hineinkommt, dann fängt die Zahlungsbilanz an, ihre Rolle zu spielen. Die Sache muß erst ins Rollen kommen.

Die Ursache zu der Valutaentwertung liegt schon vor dem Krieg. Sie werden sich erinnern, daß man während des Krieges immer gesagt hat, Deutschland würde an seiner Geldnot zugrunde gehen. Das konnte es während des Krieges nicht. Aber als der Krieg aus war und als wirtschaftlich die Grenzen etwas offen geworden sind, kam das in Betracht, was sich während des Krieges ausbildete. Das war das, was die Lawine ins Rollen gebracht hat. Dann wirkten alle möglichen Ursachen zusammen. Auf die Zahlungsbilanz sollte man sich erst dann berufen, wenn man die Zahlen der Bilanz zu benannten Zahlen gemacht hat. Solange sie bloße Bilanzzahlen sind, kann man sich nicht auf die Zahlungsbilanz berufen. Sie muß erst etwas bedeuten, nicht bloß eine Differenz.

X: Gold wandert eben ins Ausland und wirkt geldentwertend, solange die Goldwährung besteht.

Rudolf Steiner: So wie heute unsere wirtschaftlichen Verhältnisse sind – daß die Goldwährung das Zugrundeliegende ist –, ist es zweifellos, daß Länder, die eben kein Gold haben, im wesentlichen in der Bewertung ihrer Produkte ganz abhängig sind von den Ländern, die einen Goldbestand haben, und davon hängt dann der Wert des Geldes ab. Begreifen kann man ja die Sache aus den ungeheuren Umwälzungen in der Welt ganz gut; aber die Wirkungen sind so ungeheure, daß man noch «ganz geheime Ursachen» finden möchte.

Aber gerade dieses Entwerten der Valuta ist nicht so verborgen, als man immer sagen möchte; es liegt vielmehr zugrunde, daß wirklich kurioserweise die Menschen heute so sind, daß sie gar nicht Ereignisse bewerten können.

Ich habe oft gesagt, nachdem der Krieg zu Ende war: Derjenige, der die Dinge entsprechend betrachtet, findet, daß wir seit 1914 ungefähr so viele Jahrhunderte durchlebt haben in bezug auf Veränderungen, die eingetreten sind, als wir zeitlich Jahre durchlebt haben. Und eigentlich kommt es einem wie ein Anachronismus vor, daß gewisse Dinge stehengeblieben sind. Man hat das Gefühl, daß nach fünf- bis sechshundert Jahren sich sonst die Sprache geändert hat; es ist wie ein Anachronismus, daß man noch im wesentlichen so redet wie 1914. Aber dies hat keinen sehr starken Eindruck auf die Leute gemacht.

Wenn man in der Geschichte zurücksieht, so übersieht man eben gewöhnlich größere Zeiträume. Versuchen Sie nur einmal, die Schwankungen der Getreidepreise zum Beispiel im 15./16. Jahrhundert in England zu studieren, so werden Sie sehen, daß es sich da auch bei Veränderungen, die sich gar nicht so tumultuarisch vollzogen haben, im Getreidepreis Schwankungen gibt bis auf das Zwanzigfache des gewöhnlichen Preises. Daraus können Sie entnehmen, wie die Dinge eigentlich bewertet werden müssen, die sich seit dem Jahre 1914 im Leben zugetragen haben. Die Menschen glauben das nicht, weil sie keinen Sinn für das Qualitative des Lebens haben. So haben es die Menschen erst bemerkt, als das eintrat, was sich später zeigte – weil eben Geld ein unredlicher Kumpan ist –, als das Geld entlarvt worden ist. Die Menschen haben nämlich nur einen Schätzungsinstinkt für ihre Brieftasche. Erst wenn sich da die Dinge zeigen – die Menschen denken ja nur in Geld –, bemerken sie es eben an dem Valutasturz. Aber wenn man jetzt qualitativ das Leben betrachtet – ich bitte Sie, nehmen Sie Rußland, nehmen Sie einen ganzen Komplex des russischen Lebens, durchdrungen von der Gesinnung «Väterchen Zar» bis Lenin –, was müssen Sie denn da dazwischensetzen an sich metamorphosierenden Formen? Da ist im Grunde genommen selbst die russische Valutaentwertung nur eine Art Barometer für das, was sich sonst im Leben zugetragen hat. Also, es ist die Sache nicht so unerklärlich. Es ist eben die Wirkung eine ganz furchtbare und wird noch furchtbarer werden. Aber verständlich ist die Sache einfach aus dem Gang der übrigen Ereignisse heraus.

Frage: Haben wir effektiv heute schon Weltwirtschaft?

Rudolf Steiner: Man kann den Gedanken so nicht formulieren. Sie müssen zuerst den Zustand vor dem Weltkrieg nehmen. Dieser war bis zu einem hohen Grade ein Einlenken der Ereignisse in ein weltwirtschaftliches Verfahren. Sie brauchen nur den internationalen Scheckverkehr zu nehmen, so werden Sie einen Maßstab haben für den hohen Grad, den schon die Weltwirtschaft erreicht hatte. Das Denken der Menschen rückte diesem Entstehen der Weltwirtschaft nicht nach. Man blieb noch bei den Formulierungen der Volkswirtschaft. Es wäre gar nicht möglich gewesen, wenn man mit dem Denken den Tatsachen nachgekommen wäre, daß alle die Quälereien der Menschheit durch alle möglichen Zollschranken schon vor dem Kriege aufgetaucht wären. Das lag schon in der Linie der Versailler Weltumwälzung. Man wollte nicht mit dem Denken nachrücken. Man wollte die Tatsachen korrigieren. Man machte irgendwo an der Grenze einen Zoll auf, wenn etwas nicht stimmte. Aber die Dinge sind doch wiederum so, daß wir eben einen hohen Grad von Weltwirtschaft bereits erreicht hatten, trotz aller Zollschranken. Wenn schon ein hoher Grad von Weltwirtschaft da ist, so ist der Preis, den Sie bezahlen, wenn Sie von Dornach nach Basel mit der Tram fahren, abhängig von den Verhältnissen in Amerika. Alles ist nach und nach schon bis zu hohem Grad eingelaufen gewesen in die Preise der Weltwirtschaft. Das war also schon da. Vieles war in seiner Realbewertung durch Geld einfach so, wie es sich schon bis zu einem hohen Grad aus der Weltwirtschaft herausentwickelt hatte. – Nun kamen plötzlich die Absperrungen durch den Krieg, die einen wirtschaftlichen Verkehr bedingten, der nicht stimmte mit dem, was sich schon herausgebildet hatte.

Und nachdem die Menschen noch immer nicht angefangen haben,

mit dem Denken nachzurücken, wurde in Versailles versucht, die Dinge ganz im alten Stil zu korrigieren. Die ganze Zerstückelung Österreichs stimmt absolut nicht zu irgendeinem Preis, zum Beispiel einer österreichischen Dampfschiffahrt, zum Preis der Kohle, zu gar nichts. Das gab dann erst das Chaos, dieser krampfhafte Versuch, der da gemacht wird, mit den alten Gedanken die Tatsachen zu bezwingen, während die Weltwirtschaft bis zu einem hohen Grade schon da war. Man könnte mit einem beschränkten Denken sagen, daß wiederum eben Volkswirtschaften entstehen würden. Das ist aber nicht der Fall. Das, was sehr viel beiträgt zu den Valutaschwankungen, beweist, daß Weltwirtschaft da ist: denn in Österreich sind alle möglichen Werte aller Welt, und man kann also mit denen die Weltwirtschaft beeinflussen. Das sind Dinge, die doch beweisen, daß es heute nicht geht, die Weltwirtschaft einfach zu ignorieren.

Frage: Wenn Amerika nach Rußland Anleihen gibt, um Rußland in die Höhe zu bringen – dadurch, daß Eisenbahnen gebaut werden und so weiter –, so wird die Folge sein, daß das Geld nach Rußland hineingesteckt ist und daß die Amerikaner einfach den Titel des Besitztumes haben, ohne es irgendwie zurückzubekommen.

Rudolf Steiner: Wenn Amerika sich entschließen würde zu dieser Geldhingabe – in welcher Form das auch immer geschähe –, so würde das eine Schenkung sein. Aus dem großen Leihen, das stattgefunden hat, muß ein Schenken entstehen. Aber Amerika wird sich so lange nicht entschließen – das ist auch gegenwärtig schon ganz offen in Amerika vertreten –, Europa zu helfen, bis Europa Garantien bietet, daß es nicht in weitere kriegerische beziehungsweise wirtschaftliche Verwicklungen hineinkommt. Der einzige Grund, daß Amerika nicht hilft – denn Amerika würde dadurch gewinnen, weil seine eigene Wirtschaft gesünder würde –, besteht darin, daß Europa einen Anblick zeigt, der sagt: was ich da hineinstecke, das ist verloren. Die Leute fürchten sich in Amerika vor jeder Anleihe. Die wird nicht zustande kommen, wenn nicht in Europa allmählich dieses kommt, daß man, ich möchte sagen, wiederum mehr Personalkredit geben würde. Wie leicht es im Grunde genommen wäre, Europa zu helfen, können Sie daraus ersehen, daß, wenn es auch nur scheinbar ist – denn *Rathenau* war kein tüchtiger Mann und *Wirth* auch nicht –, als geglaubt wurde, daß das tüchtige Leute seien, sich in dem Augenblicke Aussichten eröffnet haben. Aber wenn, namentlich auch in den Ententeländern und in den besiegten Ländern, neue Leute in die führenden Stellungen hineinkämen, die nichts zu tun haben mit dem, was vor dem Kriege war, wenn alle Leute verschwänden aus dem öffentlichen Leben, die noch die Namen von früher darstellen, in dem Augenblicke würde Europa geholfen sein: da würde Europa den Personalkredit haben. Es liegen die Sachen so, daß der Realkredit nicht mehr vorhanden ist, daß der Personalkredit den Realkredit wieder heben muß. Dann könnte es zu einem langsamen Hinaufgehen kommen. Wenn einmal Krone und Mark sich etwas heben würden, dann käme wieder eine ganz andere Stimmung, dann gäbe es wieder allerlei Ursachen, die dann erst hervortreten würden zu weiterem Hinaufgehen. Aber es ist das moralische Niveau so weit gesunken.

Einwand: Eine Umfrage nach den Ursachen des Valutaelends ergab die widersprechendsten Antworten.

Rudolf Steiner: Die Lösung dieser Frage liegt darin, nicht daß alle unrecht hatten, sondern alle recht hatten; nämlich alle trafen gewisse Teilursachen aus ihrem Erfahrungskreis. Das bezeugt Ihnen die Notwendigkeit des assoziativen Lebens. Es gibt im wirtschaftlichen Leben gar nicht die Möglichkeit, daß *einer* ein umfassendes Urteil abgibt. Also die Leute haben zumeist recht gehabt. Aber am meisten recht, indem er auf die tiefste Ursache, allerdings auf moralähnliche Sachen, hingewiesen hat, scheint mir *Edison* gehabt zu haben, der ganz wirtschaftlich denken kann, und der gesagt hat: Die Hauptsache liegt darin, nach welchen Prinzipien man die Leute, die man ins Geschäft hereinnimmt, aufnimmt. Der gewiegte Kaufmann stellt an die einzustellenden Leute Fragen, die gar nicht mit der Geschäftsführung zusammenhängen. In die Geschäftsführung werden sie sich schon hineinfinden, wenn sie nur sonst tüchtig sind: Deshalb stelle ich als Geschäftsmann an sie solche Fragen, die mir beweisen, ob sie, was sie zum Beispiel in der Schule gelernt haben, noch wissen oder verschwitzt haben. Sagt mir der Gefragte einen absoluten Unsinn, so ist mir die Frage so beantwortet, daß ich ihn für einen nicht genug offenen Kopf halte. – Eine ganze Reihe solcher Fragen hat Edison gestellt, wenn er jemand anstellen wollte. Wenn man die Sache so praktisch anfaßt, ist es etwas anderes, ob ich einen Menschen einstelle, der nicht Weizen vom Roggen unterscheiden kann, und ihn am Bürotisch habe, oder einen, der beides unterscheiden kann. Und dieses ist es, was heute die Leute nicht glauben. Die Leute glauben, man könne ein ganz tüchtiger Buchhalter sein, ohne daß man weiß, was eine Sonnenblume ist. Das ist cum grano salis gesprochen. Aber was Edison da als Anregung gegeben hat, schien mir eine außerordentlich treffende zu sein. Sie ist wirtschaftlich, sie zeigt, wie weit da der Geist die Arbeit ergreift.

Frage: Was verlangen die gegenwärtigen wirtschaftlichen Notwendigkeiten von denjenigen, die glauben, eine neue Volkswirtschaftslehre begründen zu müssen?

Rudolf Steiner: Zum großen Teil versuche ich Ihnen Teilbeantwortungen dieser Frage jeden Tag zu geben. Denn dasjenige, worauf es ankommt, ist, daß man wirklich begreift diesen etwa seit fünfzig Jahren wirksamen Übergang der Volks-Teilwirtschaften in die Weltwirtschaft, und daß man nicht weiter arbeitet mit den alten volkswirtschaftlichen Kategorien, sondern daß man versteht, wie heute gewisse Dinge geschaffen werden müssen, die nicht da waren, und die nur geschaffen werden können aus dem Denken heraus.

Nehmen Sie einmal frühere Volkswirtschaften, dann haben Sie das, daß sie einfach nebeneinander liegen. Der noch frühere Zustand war, wo die Volkswirtschaften ganz auseinander liegen. Dieser volkswirtschaftliche Zustand war da in der Zeit, als noch Gebiete einfach zu erobern waren. Es kommt nicht auf die Entfernungen an. Sie können sich das noch unkultivierte Frankreich denken und die hinüberziehenden Franken, die die leeren Gebiete gefunden haben. Das gibt ganz andere volkswirtschaftliche Zustände, als wenn man in ein verhältnismäßig geschlossenes Gebiet mit mehr Kultur kam. Die Westgoten haben ein anderes Schicksal gehabt als die Franken, weil sie in ein wirtschaftlich nicht noch zu hebendes Gebiet eingezogen waren. Und das größte Beispiel ist eben für diese auseinanderliegenden Volkswirtschaften, die dann aufeinander wirken, das Verhältnis zwischen England und Indien, überhaupt seinen Kolonien. Da sind auseinanderliegende Volkswirtschaften durch Eroberung, auch durch friedliche Eroberung, in ein gemeinsames Gebiet einbezogen worden. Das ist der erste Zustand. Der zweite ist der, wenn die Gebiete aneinander grenzen und selbständige Volkswirtschaften sind. Und der dritte ist der, wo nun ein geschlossenes Gebiet dadurch geschaffen ist, daß nichts mehr nebeneinander sein kann im volkswirtschaftlichen Sinn – denn völlige Ödländer kommen dabei nicht in Betracht. Jetzt müßte man eben darauf aufmerksam sein, daß wir in einer ungeheuren Umwälzungszeit darinstehen, und daß das Wesentlichste ist die Weltenforderung der Weltwirtschaft, der wir uns anpassen müssen. Dieses Umverstehen aller Dinge in der Volkswirtschaft ist das, auf das es ankommt.

Sie haben ein sehr interessantes Beispiel, wie wenig das die Leute können, in dem Buch von *Spengler* «Der Untergang des Abendlandes», das auch ein wirtschaftliches Kapitel hat. Spengler redet wirklich in ausgezeichneten Aperçus, hat aber keine Ahnung, wie die Sachen in Wirklichkeit sind. Seine Begriffe decken sich doch nirgends mit der Wirklichkeit. Auf dem wirtschaftlichen Felde ist es besonders jetzt, im zweiten Band, schlimm, weil der Spengler eine verhältnismäßig gute Einsicht hat, wie gewisse antike Wirtschaftsgebiete wirtschafteten. Er versteht also die Bauern-Naturalwirtschaft auf der einen Seite außerordentlich gut, versteht auf der anderen Seite auch gar nicht schlecht das moderne Wirtschaftsleben. Er unterscheidet da – das ist Spenglersche Koketterie! – das Faustische vom Homerischen. Nun, das ungeheuer Bedeutungsvolle ist, daß auch ein so geistreicher Mensch, wie Spengler es ist, absolut nicht darauf kommen kann, daß dasjenige, was einmal überwunden ist, scheinbar, in das spätere noch hineingeht, so daß all dasjenige, was er als antike Volkswirtschaft bezeichnet, ja mitten unter uns als ein Gebiet ist.

Da namentlich, wo wir es mit dem zu tun haben, was ich Kaufgeld genannt habe, ragt überall das herein, was Spengler nur dem Altertum zuschreibt, nur daß sich die Form etwas geändert hat. Er glaubt, während man früher nach seiner Meinung Stoffgeld gehabt hat, habe man heute nur Funktionsgeld, während unser Geld heute darauf hinaus laufen muß, daß die Beziehungen zwischen Stoffgeld und Funktionsgeld durchschaut würden: Er schmeißt mit solchen kokett zugeschnittenen Begriffen herum und kommt dennoch nicht zu Begriffen, die die Wirklichkeit decken. Daher dieses Brillante, was in den Spenglerschen Begriffen liegt. Dieses Blendende und auf der anderen Seite wiederum das Verwirrende – wie er die Begriffe durcheinander bringt –, es ist tatsächlich für diejenigen, die nicht gefeit sind gegen diese Verwirrung, eine Gefahr. Unsere Aufgabe ist, mit dem Denken den Verhältnissen, wie sie gefordert sind, nachzukommen.

Wir haben dieses dreifache Nebeneinander: die ganz gewöhnliche Eroberung und das Nebeneinanderwirtschaften und die ursprüngliche Naturalwirtschaft, was kaschiert ist dadurch, daß wir Geld zu allem verwenden. Es gibt diesen Streit zwischen *Nominalisten* und *Metallisten*. Erstere sind der Meinung, daß Geld nur Zeichen ist, also daß der Stoff, aus dem es besteht, gar keinen Wert hat, sondern nur die Zahl, die daraufsteht; während die Metallisten die Meinung haben, daß es der Stoffwert im wesentlichen ist, was das Geld ausmacht. Die Leute streiten über so etwas, während die Sache so ist: auf dem einen Gebiet, wo wir es noch mehr zu tun haben mit der Landwirtschaft und dem, was mit ihr verwandt ist, haben mit Bezug auf die Funktion des Geldes in der Wirtschaft die Metallisten recht, während in der Industrie und im freien Geistesleben die Nominalisten recht haben; denn dort spielt das Geld die Rolle, die die Nominalisten ihm zuschreiben. Und dann haben wir das Durcheinanderspielen von beiden. Solche Dinge haben wir zu erfassen! Die Leute kämpfen für viel zu einfache Sachen, während wir ein kompliziertes Leben haben.

Einwurf: Jetzt müßte man aber unseren Nationalökonomischen Kurs umtaufen zu einem «Kurs der Weltwirtschaftslehre»!

Rudolf Steiner: Nun, die Namen bleiben. Sehen Sie, es gab ja sogar eine Zeit, in der man die Moral zu der ökonomischen Wirtschaft gerechnet hat. Im 1., 2. christlichen Jahrhundert, da gehörte zu der Ökonomie die Moral.

Frage: Ich kann mir die gegenseitige Bewegung Naturprodukt – Arbeit – Kapital und so weiter nicht zum Verständnis bringen. Das Produktionsmittel hat doch schon eine Umwandlung durchgemacht.

Rudolf Steiner: Aber die Umkehrung bezieht sich nicht darauf, daß das Produktionsmittel erzeugt wird, sondern daß es erzeugt. Die Umwandlung hat erst eine Bedeutung in dem Moment, wo das Produktionsmittel aufhört, Ware zu sein. Es bleibt Ware bis zu dem Moment, wo es übergeführt werden kann, zu produzieren. Wo es anfängt zu produzieren, ändert sich für das Produktionsmittel der Strom des nationalökonomischen Geschehens. Es wird von dem Moment ab herausgehoben aus dem Zusammenhang, in dem es war, wo es Ware war. In den «Kernpunkten» habe ich angeführt, daß es da anfängt, der Natur ganz gleichgeartet zu sein, weil es keinen Preis mehr haben kann. Es steht genau so in den Wirtschaftsprozessen darin wie die bloße Natur. Es bewegt sich also wiederum zur Natur zurück.

Frage: Kommt das bilanzmäßig zum Ausdruck?

Rudolf Steiner: Sie meinen dieses Verschwinden des Wertes? Es kommt bilanzmäßig nur in abnormen Fällen zum Ausdruck. Es kommt nur dann zum Ausdruck, wenn jemand, sagen wir, ein Werk anlegt, also eine Summe von Produktionsmitteln zustandebringt, dann zugrunde geht, und ein anderer die Sache weiterführt, der geschickter ist und der reüssiert. Dann werden Sie, wenn Sie diese zwei Bilanzen zusammenstellen, die des Zugrundegehens und die des Weiterführens, eine solche partielle Erscheinung des Entwertens hervorgerufen finden. Durch das Zugrundegehen hat der zweite – einfach durch den Prozeß des Zugrundegehens – die Summe der Produktionsmittel billiger gekauft, als er sie sonst je hätte haben können. Dadurch hat er einen Teil geschenkt bekommen. So daß also dann durch die Bilanz das zum Ausdruck kommen könnte. Wenn Sie jetzt wiederum die Folge eines solchen Vorganges im weiteren Verlauf der neuen Bilanz verfolgen würden, würden Sie in dieser ein wesentlich billigeres, das heißt, zum Teil preislos übergegangenes Werk haben. So könnte es heute schon rechnungsmäßig bewiesen werden.

Bemerkung: Das sind natürlich Ausnahmen. Normal ist heute das Unnormale.

Rudolf Steiner: Das muß aber nach und nach zur Ungeheuerlichkeit führen, weil man die Produktionsmittel direkt in Renten überleitet, während die Bodenrente erst entsteht, wenn ich das Kapital hinein investiere.

Frage nicht notiert.

Rudolf Steiner: Sie dürfen nicht vergessen: Wenn Sie Kapital in eine Unternehmung hineinstecken, so bedeutet das volkswirtschaftlich wesentlich etwas anderes, als wenn Sie das Kapital nicht in der Unternehmung darin haben. Es arbeitet ein ganz anderes Agens, wenn man es darin hat, als wenn man es nicht darin hat, wobei das Nichtdarinhaben ja im Grunde genommen auch nur ein Scheingebilde ist. Es führen die Dinge zu solchen Scheingebilden. Sie können fragen: Wo sind denn eigentlich die Kapitalien, also sagen wir, die Leihkapitalien, die nicht in Unternehmungen darinstecken? Sie sind ja nur da als Produktion und als Bodenrente, nur da sind sie vorhanden. Und wenn irgend jemand irgendwelches Geld für sich haben wollte, so müßte er es ganz aus dem volkswirtschaftlichen Prozeß eine Zeitlang herausziehen, dadurch eine Spannung hervorrufen und es bei einem anderen Werte wieder weggeben. Er würde da zu kurz kommen, weil das Geld doch progressiv entwertet wird – denn sonst ist es nicht denkbar, daß der Prozeß radikal eintritt, und das verschiebt die Verhältnisse.

Wenn man in gesunder Weise die Wirtschaft in die Hand nehmen würde, würden sich richtige Verhältnisse ergeben. Heute ist es oft drollig, in welcher Weise man zum Beispiel die Lohnfrage behandelt: man fordert höhere Löhne, es entstehen teurere Produktionsbedingungen. Dann reichen die Löhne wieder nicht. Man fordert wieder höhere Löhne, und so geht das, man weiß nicht, wohin. Durch diese Dinge streuen sich die Leute selber Sand in die Augen. Während einfach – wenn wir den Ausdruck Lohn, der ja nicht stimmt, beibehalten – in einer assoziativen Wirtschaft diejenigen Löhne entstehen, die entstehen *können*. Es entstehen nicht falsche Löhne.

Frage: Warum die Löhne «entstehen» müssen?

Rudolf Steiner: Versuchen Sie einmal zu untersuchen: Ein Arbeiter bekommt durchschnittlich, sagen wir, da oder dort im Tage zwei Franken. Nun können Sie sagen: das ist ein sehr niedriger Lohn. – Wodurch kann dieser Lohn ein sehr hoher Lohn werden, ohne daß er mehr beträgt als zwei Franken?

Bemerkung: Dadurch daß die Produkte billiger werden.

Rudolf Steiner: Dann kriegen Sie erst die Endwerte. Dann werden Sie sehen, daß all das herauskommt, was ich gesagt habe. Es müssen die Pferde nicht fortwährend beim Schwanz aufgezäumt werden. Man muß die Frage so stellen: Zwei Franken, die lassen wir ihm. Aber unter welchen Verhältnissen werden zwei Franken ein doppelt so großer Lohn sein als heute, oder ein dreifacher? Sie müssen von den dynamischen Verhältnissen ausgehen. Man geht immer aus von den statischen. Dann will man, daß die ruhenden Dinge Bewegung hervorrufen. Es ist tatsächlich: wenn ich fünf Centimes in meine Tasche stecke, an sich nichts, sondern nur etwas im Verhältnis zur ganzen Volkswirtschaft.

SECHSTE SEMINARBESPRECHUNG

Dornach, 5. August 1922

Frage nach der Abnützung des Geldes: Wird es sich allmählich abnützen? Auch als Kaufgeld?

Rudolf Steiner: Als Kaufgeld hat es bis zuletzt denselben Wert. Diese Frage ist eine mehr technische des Verkehrs, eine Frage des Wie. Die allmähliche Abnützung des Geldes ist nicht leicht vorzustellen. Sie würde einen außerordentlich bürokratischen Apparat erforderlich machen.

Ich betone, daß ich nicht programmatisch vorgehen möchte, sondern daß ich nur das sagen möchte, was ist. Denn meine Erkenntnis geht dahin, daß wir ein Paradies auf Erden nicht herstellen können auf ökonomischem Wege. Das würde nicht gehen, sondern es läßt sich nur der bestmögliche Zustand herstellen. Nun hat man sich zu fragen, worauf das Heruntersinken unter den bestmöglichen Zustand beruht. Darauf, daß die einzelnen Faktoren der Volkswirtschaft ihren richtigen Wert nicht geltend machen können an der einen oder anderen Stelle, daß es also heute möglich ist, daß der geistig Arbeitende durchaus nicht in der Weise bezahlt wird, wie es für die Gesamtvolkswirtschaft notwendig ist. Er wird entweder zu hoch oder zu niedrig bezahlt. Es kommt beides vor. Dadurch aber gibt er sofort Veranlassung, wenn er zu niedrig bezahlt wird, daß sich die Preise durch seine niedrige Bezahlung in ungesunder Weise ändern. Ebenso wenn er zu hoch bezahlt wird. Daran müssen Korrekturen angebracht werden, und es handelt sich nur darum – ohne daß man auf Foerstersche Dinge Rücksicht nimmt –, welche Faktoren im volkswirtschaftlichen Leben diese Umlagerung, diesen Verkehr möglich machen. Also einen Verkehr, bei dem die erträglichen gegenseitigen Preise herauskommen, nicht bloß für Waren, sondern eben auch für die geistige Organisierung, und auch für das notwendige freie Geistesleben.

Daraus folgt unmittelbar, daß das Geld alt werden muß. Es handelt sich lediglich darum, auf welche Weise man das technisch ausführen kann. Und Sie würden ein allmähliches Abnützen des Geldes auf keine andere Weise ausführen können als dadurch, daß Sie den Scheinen Coupons anhängen, die abgerissen werden müssen zu bestimmten Zeiten, und zwar von einem Amt. Dadurch würde ein sehr komplizierter bürokratischer Apparat herauskommen. Aber es handelt sich wirklich niemals darum, daß man die Abnützung durch solche äußeren Zeichen herbeiführt, sondern daß der reale Verlauf der Dinge von selbst diese Wertigkeit bewirkt. Das geschieht, wenn Sie einfach dem Geld, allen Arten von Geld, mehr oder weniger den Wechselcharakter geben, also ich meine insofern den Wechselcharakter, als ein Endtermin da ist. Dieser läßt sich natürlich nicht in abstracto berechnen, sondern, in Voraussetzung eines bestimmten Augenblicks, anfangs nur annähernd festsetzen. Dann muß man korrigieren, bis die Sache zu einem eventuell möglichen Termin kommt.

Es würde sich dann darum handeln, daß wiederum für die Weltwirtschaft dasjenige herausgefunden wird, was ja für eine im Grunde genommen als lokale Wirtschaft sehr weitgehende Ökonomie schon da war. Das ist nämlich die Handhabung des Jubeljahres im Alten Testament. Das ist etwas ganz Ähnliches wie das Altwerden des Geldes: das Nachlassen sämtlicher Schulden. Mit einem radikalen Nachlassen aller Schulden fallen auch alle volkswirtschaftlich schädlichen Vermögen beziehungsweise Kapitalien weg. Es ist immerhin – Sie erinnern sich wohl, wie lange die Zeit war bis zu einem Jubeljahr – alle siebzig Jahre. Nun dieses Jubeljahr, das ist ja gegenüber dem, was heute im Hinblick auf die Weltwirtschaft notwendig wäre, a priori bestimmt worden, indem man einfach das Patriarchenalter festgelegt hat. Es ist mir im Augenblick nicht erinnerlich, ob es in der Bibel ebenso steht, aber jedenfalls der Usus war ursprünglich so, das menschliche Lebensalter festzustellen, weil man ganz richtig gerechnet hat: wenn man den Zeitenverlauf eines ganzen Menschenlebens nimmt, so liegt darin alles angelegt, was an Schenkungskapital in der Jugend da ist, dann an Leihkapital und an Handelskapital, also Verkehrskapital. Es wurde angenommen, daß der Mensch das Recht hat, dasjenige in der Jugend zu verzehren, was er später als reifer Mensch verdient, und dann etwas weniger verdient, wenn es gegen das Ende zugeht. Man hat das dazumal als eine Art von Leihen angesehen.

Nun, sehen Sie, das war a priori; das würde sich in der Weltwirtschaft nicht so ausnehmen. Es würden die Zeitperioden sich wesentlich verlängern. Aber es ist auch ohne weiteres klar, daß dann, wenn diese allmähliche Abnützung des Geldes eintritt, diese im gegenseitigen Verkehr selber eintritt, weil auf der Banknote das Anfangsjahr stehen würde. Im realen volkswirtschaftlichen Verkehr wird dann das Geld eine geringere, jetzt nicht Kaufkraft, aber eine geringere Verwertungskraft für alles Organisieren haben: je weiter es vorrückt, eine um so geringere Verwertungskraft. So daß es durch die Abnahme seiner Verwertungskraft allmählich in Schenkungsgeld übergehen kann, und daß es dann wiederum rückläuft in junge Geldzeichen, die einfach auf dem Überleitungsweg neu herausgegeben werden können. Das muß nur durch die Assoziationen bewirkt sein. Für Produkte, die möglichst naheliegen den Naturprodukten, hat also dann die Arbeit ihren höchsten Wert, trotzdem der Arbeiter nicht mehr bekommt, als irgend jemand anderer nach der Preisformel; aber es hat die Arbeit dann dort im volkswirtschaftlichen Verkehr den höchsten Wert. Nur geht ein Teil über an den, der arbeitet; der andere geht in den wirtschaftlichen Prozeß restlos hinein. Sie haben dem einzelnen die Möglichkeit entzogen, sich zu bereichern.

Frage: Wie kann das Geld verschieden verwendet werden, wenn es als junges und altes Geld dieselbe Kaufkraft hat?

Rudolf Steiner: Wenn Sie eine Unternehmung mit jungem Geld beginnen, so sind Sie nun in der Lage, dadurch, daß Sie junges Geld hineinstecken, diese Unternehmung auf eine lange Frist hin anzulegen; während Sie mit altem Geld nicht in der gleichen Weise auf lange Frist hin das Unternehmen anstellen könnten.

Frage nicht notiert.

Rudolf Steiner: Sie meinen: wenn ich mir einmal meine Produktionsmittel gekauft habe, dann habe ich statt des Geldes die Produktionsmittel, und das Geld, das ich jetzt weggebe, das hat dann ein anderer.

Das Geld, das nun einmal in die Produktion hineingegangen ist, muß natürlich darin bleiben. Aber, es kann sich dieses Geld unter Umständen verwandeln – es würde sich ja nicht verwandeln, insofern der Betreffende es konsumieren kann – aber was in der Produktion darin ist, ist eine Frage des Verkehrs. Das wird nicht sehr bürokratisch sein, weil durch die Assoziationen dafür gesorgt werden kann, daß innerhalb der Unternehmungen, die auf gleicher Basis beruhen, nichts anderes verwendet wird als bestimmtaltriges Geld.

Das Geld ist also in Produktionsmitteln aufgegangen. Dem kommt zu Hilfe die andere Maßregel, daß die Produktionsmittel ihren Wert verlieren, wenn sie Produktionsmittel geworden sind. Diese zwei Dinge schließen sich zusammen zu einem. Heute haben Sie es nämlich auch so, nur kaschiert. Das Geld, das für die Produktion verliehen ist, geht nicht wiederum zurück, bleibt in der Produktion stecken. Nur wird es dadurch festgehalten, daß die Produktionsmittel wiederum verkauft werden können. Dadurch wird es fortwährend wieder jung gemacht. Denken Sie sich aber, die Produktionsmittel können nicht verkauft werden, so bleibt das Geld in seinem Alter darin. Man muß real denken, dann wird die Frage niemals so entstehen: Wie macht man das, daß das Geld sein Alter da drinnen behält? Sondern man wird sagen: Das muß geschehen – also muß einfach die Maßregel geschehen! Das ist eine äußerlich technische Frage.

Natürlich könnten Sie das eine sagen: Es wäre eine gewisse Möglichkeit vorhanden, daß solche Dinge durch die Spekulation umgangen würden; aber die Spekulation hätte sicher viel weniger Boden in einer solchen Gemeinschaft als in derjenigen, die dem Geld einen unbestimmt langen Wert gibt. In Wirklichkeit nützt sich das Geld ja doch ab. Sonst könnte jener pommersche Landmann recht haben, der sich sagt: Wie groß sind die preußischen Staatsschulden? Ich will ein kleines Kapital auf Zins und Zinseszinsen anlegen, und das würde nach so und so viel Jahren die preußischen Staatsschulden decken können. Dies könnte niemals zustande kommen, weil alle diejenigen, die nach und nach verpflichtet würden, für diese Summe aufzukommen, die doch die entsprechende Deckung brauchte, zugrunde gehen würden. Auf irgendeine Weise würden die Garanten verschwinden, und der preußische Staat kriegte nach Jahrhunderten nicht einen Heller davon.

Da sehen Sie, daß es sich doch abnützt, das reine Geld. Es handelt sich nur darum, daß man diese Dinge in die Vernunft heraufnimmt, die in Wirklichkeit stattfinden, und die dadurch die Schädigungen hervorrufen, daß sie nicht in der Vernunft sind. Deshalb kann ich sagen: Ich betrachte doch nur das Reale, nicht ein agitatorisch Sein-Sollendes. Weil die Dinge da sind! Es handelt sich darum, daß man zu fragen hat: Wie saniert man die Weltwirtschaft?

Frage: Wie ist das Verhältnis von Staat und Geld?

Rudolf Steiner: Durch das, was ich gestern beschrieben habe, würde eine Reichsbank, eine Staatsbank unmöglich sein. Es würde herauskommen ein Bankinstitut zwischen denjenigen, die Schenkungsgelder bekommen haben, und denjenigen, die durch Arbeit, namentlich Bodenarbeit wiederum neue Waren in ihrem Anfang schaffen. Es würde diese Verjüngung gerade vom Staat auf die Wirtschaft übergehen. Und das ist das, was die weitere Notwendigkeit darstellt. Dadurch, daß sie an die Wirtschaft übergeht, würde diese Maßregel, das Geld wieder jung zu machen, zusammenhängen mit anderen wirtschaftlichen Maßregeln, nicht mit Staatsmaßregeln. Und dadurch kämen auch ganz andere Wertverhältnisse heraus als jetzt unter dem fiskalischen Elemente. Wir würden etwas haben, was schon existiert. Die Dinge werden ja nur dadurch kaschiert, daß sie nicht am rechten Fleck vor sich gehen. Wir würden eine fiskalische Maßregel in eine wirtschaftliche übergeführt haben. Der Fiskus würde weniger die Möglichkeit haben, wirtschaftlich vorzugehen als eine wirtschaftliche Assoziation.

Frage: Worin würde eine andere Währungsgrundlage bestehen?

Rudolf Steiner: Sie würde dadurch geschaffen werden, daß alles das, was Papiergeld, Geldsurrogat ist, sich sehr ähnlich werden würde. Die großen Verschiedenheiten von heute sind ja nur durch willkürliche Maßregeln hervorgerufen. Also die Staatsbanknoten und alle anderen Arten von Geldsurrogaten würden einander viel ähnlicher werden. Man würde ein einheitliches Geld haben, und für dieses wäre es ziemlich gleichgültig, aus was es bestehen würde; denn es bekommt dann am Ende seines Prozesses einen rein nominalistischen Charakter; und indem es wiederum zurückgeführt wird, bekommt es einen metallistischen Charakter, den es am Anfang haben müßte. Die Währung würde etwas sein, was im fortwährenden Fluß wäre, die aber ganz angepaßt wäre der Eigentümlichkeit des volkswirtschaftlichen Prozesses.

Frage: Haben Sie nicht früher auch einmal die brauchbaren Produktionsmittel als Währungsgrundlage gepriesen?

Rudolf Steiner: Fragen wir uns: Was gibt denn nun innerhalb eines solchen Zeitraumes, in dem dieser Umschwung für ein bestimmtes Geld stattfindet, dafür den Geltungswert? Ihn gibt dasjenige, was an brauchbaren Produktionsmitteln da ist. Nehmen Sie an, es ist sehr wenig an brauchbaren Produktionsmitteln da, so wird die Sache sehr schnell umgesetzt werden müssen. Es wird sich überall Geld stauen, es wird überall Kaufgeld zurückgehen durch wenige Produktionsmittel und so weiter. Wenn aber viel brauchbare Produktionsmittel da sind, so wird der Umlauf ein anderer sein, und es wird dadurch diesem Geld ein erhöhter Wert anhaften. Auf diese Weise bekommen wir die Währung heraus durch die brauchbaren Produktionsmittel.

Frage: Müßte etwas Stabiles als Stoff genommen werden wie Gold?

Rudolf Steiner: Soviel ich sehen kann, wäre im Grunde genommen der wirkliche Stoff des Geldes gleichgültig, so daß Sie die Jahreszahl, die dann wertbildend würde, auch auf Papier setzen könnten. Ich kann nicht sehen, daß es dann notwendig wäre, eine solche Währung wie Gold einzuführen. Es würde nur in dem Umfang möglich sein, in dem sich wiederum Spezialvolkswirtschaften bilden würden. Aber in dem Maße, als tatsächlich die Weltwirtschaft da ist – sie realisiert sich in dem Maße mehr, als die Wirtschaft sich emanzipiert –, ist es möglich, durch jeden beliebigen Stoff das Geld zu machen. Was wird denn das Geld dadurch, daß sich das realisiert, was ich sage? Dadurch wird das Geld nichts anderes, als die durch das ganze Wirtschaftsgebiet durchlaufende Buchführung. Sie könnten nämlich, wenn Sie eine Riesenbuchhaltung einführen wollten, die nicht notwendig ist, dieses ganze Hin- und Hergehen des Geldes ganz gut an einer entsprechenden Stelle verbuchen. Dann würden immer die Posten an den entsprechenden Stellen stehen. Was in Wirklichkeit geschieht, ist nämlich nichts anderes, als daß Sie den Posten aus der betreffenden Stelle herausreißen und dem Betreffenden den Schein geben, so daß die Buchhaltung wandert. Das Geld ist in fluktuierendem Sinn eine Buchhaltung. Da kann ich nicht einsehen, daß es einen anderen als einen dekorativen Wert haben soll, ob man es aus dem oder jenem macht.

Einwand: Das Gold gäbe einen gewissen Maßstab.

Rudolf Steiner: Das kann nicht der Fall sein, und wenn es der Fall ist, so übt es sich aus in dieser Buchhaltung selber. Das ist das Wesentliche, daß der ganze Geldverkehr übergeht in eine Führung der Buchhaltung. Statt daß Sie einen Posten von der Aktiv-Seite auf die Passiv-Seite hinübersetzen, geben Sie das Geld hinüber.

Einwand: Es dürfte nicht Gold sein, weil die Entwertung dadurch umgangen werden könnte, daß zuletzt das Gold zurückbehalten würde.

Rudolf Steiner: Wenn ein Käufer für das Gold da ist. Der müßte da sein, das heißt, es müßte der Kauf vorteilhaft sein. Man würde dann extra noch die unnötige Kalkulation machen müssen. Ja, die würde einem nichts helfen. Wenn man zum Beispiel einen Schmuckgegenstand daraus machen würde, würde man damit betrügen können.

Diese Dinge muß man nur zum Zweck der Volkswirtschaft selber bedenken. Sie werden, wenn Sie die Dinge zusammenhalten, werten können das, was heute wirklich nur auf Grundlage einer partiellen Beobachtung und einer unzureichenden Spekulation in der Behandlung der Volkswirtschaftslehre steht. Es sind immer unzureichende Methoden und mangelhafte Beobachtungen da.

Frage: Welches Kapital ist volkswirtschaftlich zuerst entstanden, das Handelskapital oder das Gewerbekapital?

Rudolf Steiner: Zuerst natürlich das Handelskapital, geschichtlich, und zwar ist auch im wesentlichen der Handel selbst die allererste Verkehrsarbeit, die geleistet werden muß. Wenn Sie heute noch in primitive Dorfverhältnisse zurückgehen, so haben Sie verhältnismäßig wenig Gewerbekapital. Die Handwerker im Dorf verdienen verhältnismäßig nicht mehr als der Bauer auch. Die Leute dagegen, die handeln, erübrigen etwas. Dadurch sind sie in der Lage, zu leihen. Und dann geht das wiederum weiter. Denn es entsteht kein Kapital, wenn es nicht verwertbar ist. Das Gewerbekapital entsteht im Grunde genommen erst an dritter Stelle. Das hängt so sehr mit den Gewohnheiten zusammen, daß sich rationelle Gründe gar nicht finden lassen.

Frage: Muß die Schweiz zum Volkswirtschaftlichen oder zum Weltwirtschaftlichen gehen? – Besteht nicht die Tendenz in vielen Ländern, zum Volkswirtschaftlichen zurückzugehen?

Rudolf Steiner: Sie meinten, die Schweiz wäre zu früh in die Weltwirtschaft übergegangen, denn es hätte sich gezeigt, daß ihr das nicht gut bekommen wäre? Das kann man nicht sagen, weil die Schweiz nicht auf naturgemäßem Wege die Probe auf die weltwirtschaftliche Richtigkeit ihrer Wirtschaft hat machen können. Denn dasjenige, was Sie jetzt «Wohlwollen» der Nachbarstaaten nennen, ist auf unnatürliche Weise durch den Krieg herbeigeführt worden. Hätte sie sich weiter entwickeln können wie bis zum Jahre 1914, so wäre ihr das nicht zum Nachteil ausgeschlagen, sondern sie würde sich schon weiter entwickelt haben. Natürlich würden sich dieselben Schäden ergeben haben, die sich damals nach und nach zeigten, die dahin tendierten, daß man auf friedlichem Wege in das Assoziative hätte hineinsegeln müssen. So wie die Sache jetzt liegt, muß man sagen, kommt ja außerordentlich wenig auf die Schweiz an. Denn jetzt haben wir es in der Welt zwar mit der Tendenz zur Weltwirtschaft zu tun, aber mit ihrer fortwährenden Störung durch die politischen Intentionen der Volkswirtschaftsgebiete, die sich mit dem nationalen Bestreben gedeckt haben. Was heute die Weltwirtschaft stört, sind die politischen Intentionen. Die Politik hat begonnen, alles wiederum zurückschrauben zu wollen auf die Volkswirtschaft. Wir können da nicht die Schweiz als Illustration benützen, weil sie politisch zu machtlos ist. Ab und zu gestattet man der Schweiz mitzureden, wenn man weiß, daß sie das sagen wird, was man gesagt haben will – die Schweiz sagt auch das, was man gesagt haben will.

Also die Schweiz kann da nicht als Exempel gelten, aber Amerika, das entschieden hinführt auf eine volkswirtschaftliche Gestaltung und auf eine Hemmung der weltwirtschaftlichen Gestaltung – es könnte auch sein, daß es unter Umständen sehr schwer werden würde, diese Tendenz Amerikas zur volkswirtschaftlichen Gestaltung zu überwinden. Dagegen würde auf einem solchen Gebiet, das so eingerichtet ist wie England heute, das im Grunde genommen nur eine Pseudo-Volkswirtschaft, in Wirklichkeit eine Weltwirtschaft hat, die Tendenz zur Weltwirtschaft sich entfalten können. Denn hier haben Sie England, drüben Indien, Südafrika, Australien und so weiter. Was volkswirtschaftlich verbunden ist, das liegt alles im Grunde genommen über die ganze Welt hin. Dadurch hat zwar England nicht zugleich die Wirtschaft der ganzen Welt, aber es hat die in der ganzen Welt notwendigen Wirtschaftsarten, Wirtschaftserfordernisse, die es synthetisch zusammenfassen muß, in etwas, was qualitativ den Geist der Weltwirtschaft annehmen muß. Das ist dasjenige, was in dem Fortgang der wirtschaftlichen Entwickelung ganz notwendig zur Weltwirtschaft führen muß. Und dem wird sich mit der Zeit auch die Politik Nordamerikas fügen müssen; denn die Wirtschaft wird einfach ihre ganz gewaltigen Anforderungen an die harten Köpfe der Menschen stellen, und sie werden sich der Weltwirtschaft fügen müssen. England könnte gar nicht vorwärtskommen, wenn es nun auch fortführe, in dem bloß volkswirtschaftlichen Sinn zu arbeiten. Sie müssen also den eigentlichen Antagonismus suchen zwischen England und Amerika. Die Schweiz ist gar nicht maßgebend.

Frage: Ich kann mir nicht vorstellen, wie der Stein in der Krone von England in seinem Wert nur durch die menschliche Arbeit, nicht durch seine Seltenheit erklärt werden könnte.

Rudolf Steiner: Die Sache beruht darauf, daß volkswirtschaftliche Werte nur dadurch entstehen, daß menschliche Arbeit oder menschlicher Geist aufgewendet wird. Dadurch entstehen allein volkswirtschaftliche Werte im Zeichen der Arbeitsteilung. Wenn Sie nun diesen Stein in der Krone von England seinem Werte nach zu erklären haben, so müssen Sie sich sagen: Wenn es möglich ist, aus dem fortlaufenden volkswirtschaftlichen Prozeß Werte herauszuheben, die sich der einzelne aneignet, dann kann der Wert, der da erzeugt worden ist, in der Tat auch bei dem Betreffenden zurückgehalten werden. Wenn also irgendeiner unter unseren gegenwärtigen Verhältnissen eine Million zurückbehalten will, so kann er es. Er kann die Million anhäufen. Dann kann er diese Million meinetwillen sich in den Strumpf tun. Er kann nun dieses In-den-Strumpf-Tun ersetzen durch die andere Handlung, daß er künstlich irgendeinem Produkte, das selten ist, für sich denselben Wert beimißt wie seinem Gelde – und es in die Zirkulation übergehen läßt. Dann hat er dadurch, daß er rein konventionell und bloß durch seinen Machtspruch der Sache diesen Wert beigelegt hat, durch seine geistige Organisation diesem ihm gerade gefallenden Objekt diesen betreffenden Wert beigelegt. Es ist das, was geschehen ist, lediglich unter dem Einfluß, geistiger Taten kann man es vielleicht nicht nennen, aber geistiger Maßregeln geschehen. Der Seltenheitsbegriff löst sich volkswirtschaftlich in den volkswirtschaftlichen Geistbegriff hinein auf.

Einwände werden genannt, die gegen die Dreigliederung erhoben werden: Es sei unmöglich, die Trennung der drei Glieder durchzuführen. Aufgabe der Dreigliederung könnte es nicht so sehr sein, aufzubauen, als vielmehr negativ dort, wo schädliche Einwirkungen der drei Gebiete aufeinander bestehen, diese voneinander zu trennen und darin die Arbeit bewendet sein zu lassen. Besonders unter den Grenzen der drei Gebiete könnte man sich gar nichts vorstellen. Das Wirtschaftsleben würde dadurch beschränkt auf das, was man Technik nennt.

Rudolf Steiner: Das Denken der Menschen, die diesen Einwand machen, ist nicht genügend durchgebildet. Wie das überhaupt der Hauptschaden ist, daß unsere heutigen Lehranstalten das Denken viel zu wenig durchbilden. Die Menschen können sich nur Begriffe bilden, die sie hübsch nebeneinander lagern. Aber schon beim menschlichen dreigegliederten Organismus hat man dieselbe Sache. Wenn Sie den Augennerv nehmen, so gehört er in das Nerven-Sinnessystem; aber der könnte natürlich nicht bestehen, wenn er nicht, namentlich im Schlaf, vom Ernährungssystem aus, vom Stoffwechselsystem aus ernährt würde, wenn also nicht in ihm Ernährungsprozesse vor sich gehen würden und wenn nicht auch fortwährend durch den Rückenmarkskanal die eingeatmete Luft in den Sehnerv ginge und da auch ein Zirkulationsprozeß stattfände. So daß also im menschlichen Organismus irgend etwas eben bloß hauptsächlich dem Sinnes-Nervensystem angehört oder dem Ernährungs- oder dem rhythmischen System.

So auch im sozialen Organismus. Es ist notwendig, daß im wirtschaftlichen Organismus die anderen zwei Systeme hineinspielen. Aber bei alldem bleibt es doch richtig, daß im wesentlichen das Sinnes-Nervensystem nach dem Kopf zu liegt, und daß die Kopfernährung und Kopfatmung von einer anderen Instanz bewirkt werden. Gerade dadurch wird im richtigen Sinn dieses Zusammenwirken bestehen, daß diese drei Instanzen geschaffen werden. Ich habe mich immer gesträubt, daß man von einer Dreiteilung spricht. Es handelt sich um die Frage: Wie haben sich die drei Glieder, die ohnedies vorhanden sind, in naturgemäßer Weise zueinander zu stellen, damit sie entsprechend aufeinander wirken können? Der geistige Organismus wird im wesentlichen auf die Freiheit gestellt sein. Aber in den geistigen Organismus wird natürlich auch das Wirtschaftsleben hineinwirken müssen, sonst hätten die Professoren nichts zu essen. Das wird aber gerade richtig hineinwirken, wenn es von einer anderen Instanz aus geschieht, so daß man es nötig hat, nach einer gewissen Richtung hin auszubauen einen Wirtschaftsorganismus, nach einer anderen Richtung auszubauen einen geistigen Organismus und dann den staatlich-juristischen «Organismus». Nur die machen hier Einwendungen, die sich diese Dreigliederung als *Teilung* vorstellen. Daß dieses reichlich geschehen ist, ist bekannt. Ich habe bei einem Interpreten gefunden, daß er Vorträge gehalten hat über die drei Parlamente im sozialen Organismus. Wer sich die Sache so vorstellt, der stellt sich eine Unmöglichkeit vor, denn ein Parlament kann es nur im Staate geben, nicht im freien Geistesleben. Da kann es nur die einzelne Individualität geben, die ein

Netz von selbstverständlicher Autorität schafft. Auf wirtschaftlichem Gebiet kann es nur Assoziationen geben. Im Parlament werden schon alle Funktionen zusammenrinnen, und es werden die richtigen Maßregeln geschehen zwischen den einzelnen Gliedern des sozialen Organismus.

Frage: Das Gewinnstreben wurde im zehnten Vortrag mit der Masse im physikalischen Sinne verglichen. Kann man die Analogie so erweitern, daß man die Arbeit eine Funktion zwischen dem Verkehr und dem Gewinnstreben sein läßt?

Rudolf Steiner: Nach der physikalischen Energieformel ist $e = \frac{m \cdot v^2}{2}$. In ähnlicher Weise würde die volkswirtschaftliche Energie zu formulieren sein: Die möglichen Gewinne, die zu multiplizieren wären mit einer Funktion der Schnelligkeit des Verkehrs: $e = g \cdot f$ (Verkehr). Gewinnstreben muß man multiplizieren mit der Schnelligkeit des Umlaufs, dann wird man die Zahl für die Arbeit bekommen. Für das einzelne Produkt gilt das. Wenn Sie an ihm einen bestimmten Gewinn haben und Sie multiplizieren ihn mit der Schnelligkeit des Umsatzes, so werden Sie die Menge der Arbeit haben. Diese Menge der Arbeit ist dann null, wenn Sie nötig haben, den Gewinn mit null zu multiplizieren, das heißt, wenn Sie unmittelbar verkaufen: $0 = g \cdot 0$.

Frage: Entspricht der Wert des Steines in der Krone von England der Spannung zwischen ihm und dem Luxusbedürfnis?

Rudolf Steiner: Sie erklären, nur durch anderen Verlauf der Dinge, die Sache gerade so: Denn die Spannung, die durch den Konsum entsteht, ist immer die Spannung zwischen der Bearbeitung von Naturprodukten und dem Wert, den die Arbeit bekommt durch die geistige Organisation. Bei so etwas, wie bei dem Stein in der Krone von England, muß man ja zunächst wirklich nicht einseitig von seinem Werte sprechen. Ich bitte Sie: was ist der denn eigentlich wert? Er ist eigentlich nur etwas wert in einer ganz bestimmten, und zwar von einer bestimmten Geistigkeit durchsetzten Wirtschaftsordnung, durch die Meinung, das heißt durch den Geist. Man kann gar nicht davon sprechen, daß er «diesen Wert» an sich hat, sondern nur, daß er etwas wert ist durch die Meinung, die sich an ihn heftet. Würde man, wenn man ihn nun kaufte für das, was der Verkäufer verlangt, den Verkäufer in die Lage versetzen, soviel bearbeiten zu lassen, als er durch das, was er bekommt, bearbeiten kann, so wäre durch so etwas, wie bei einer Lawine, eine ganze Arbeitsorganisation entstanden. So wenig Sie in der Physik etwas anderes als die gegenseitigen Beziehungen in Rechnung zu ziehen brauchen, wenn Sie von einem kleinen Schneeball sich eine Lawine formieren lassen – dann brauchen Sie die Formel nicht zu ändern –, ebensowenig braucht man die Formel in der volkswirtschaftlichen Betrachtung dadurch zu ändern, daß einmal solche besonderen Verhältnisse entstehen, unter denen, rein äußerlich angesehen, Tatsachen geschaffen werden wie diese, daß ein Seltenheitsprodukt äquivalent ist einer Riesenarbeitsleistung. Das ist nur durch den volkswirtschaftlichen Zusammenhang so.

HINWEISE

Textgrundlagen: Die Ausführungen Rudolf Steiners sowie die Fragen und Voten der Teilnehmer wurden von Georg Klenk, München, mitstenographiert und in Klartext übertragen. Dieser ist an manchen Stellen lückenhaft. Offensichtliche Lücken sind im Text durch Punkte gekennzeichnet.

Werke Rudof Steiners innerhalb der Gesamtausgabe (GA) werden in den Hinweisen mit der Bibliographie-Nummer angegeben. Siehe auch die Übersicht am Schluß des Bandes.

Zu Seite:

9 *Die «Kernpunkte»:* Rudolf Steiner «Die Kernpunkte der sozialen Frage in den Lebensnotwendigkeiten der Gegenwart und Zukunft» (1919), GA Bibl.-Nr. 23.

10 *Justinian,* 527–565, Kaiser von Ostrom. Schloß die Philosophenschule von Athen 529 und ließ durch eine Reihe hervorragender Juristen das römische Recht kodifizieren, 533/34.

12 *Das Greshamsche Gesetz:* Der Großkaufmann Sir Thomas Gresham, 1519–1579, errichtete 1566 auf seine Kosten die Londoner Börse. Der Königin Elisabeth, 1558–1602, schrieb er: «Eure Majestät wollen geruhen, zu vernehmen, daß der erste Anlaß für das Sinken des Wechselkurses sich ereignete, als des Königs Majestät, Euer hochseliger Vater [Heinrich VIII.], den Feingehalt seiner Münze von 6 auf 3 Unzen herabsetzte. Daraufhin fiel der Wechselkurs von 26 s 8 d auf 13 s 4 d. Das war der Anlaß, daß all Euer Feingold aus Eurem Königreich geführt wurde.» – Sein Zeitgenosse Macleod, ebenfalls ein hervorragender Kaufmann, erfaßte den Tatbestand, daß die Herausbringung einer geringeren Münze das Verschwinden der guten zur Folge hat: «Daher können wir diesen Vorgang mit Recht das Greshamsche Gesetz nennen.» Die damalige Geldverfassung war eine reine Metallwährung. Kürzlich trat in der Schweiz wieder einmal das Greshamsche Gesetz in Funktion, als die silbernen Zweifrankenstücke aus dem Verkehr verschwanden, da der Wert ihres Gehalts an Silber über dem Nominalwert von 2 Fr. lag.

16 *Inspiration für volkswirtschaftliche Erkenntnis:* Vgl. «Geisteswissenschaftliche Behandlung sozialer und pädagogischer Fragen», GA Bibl.-Nr. 192, 14. Vortrag.

17 *wo einer sich auf ein Tretrad stellt:* Siehe «Nationalökonomischer Kurs», GA Bibl:-Nr. 340, 2. Vortrag, S. 31

die Arbeit könne aus dem Grunde nicht maßgebend für den Preis sein: Diese Auffassung entspringt der Grenznutzenschule, die auch nach ihren Hauptvertretern, Böhm-Bawerk, Wieser u.a. die österreichische Schule der Nationalökonomie genannt wird. Sie erklärt alle ökonomischen Prozesse aus der Psychologie des Nutzens nach dem Ausgleichsgesetz des Grenznutzens, so daß nicht die objektiven Verhältnisse der Arbeitsbetätigungen, sondern die Nutzenschätzungen der Ergebnisse der Arbeit für die Befriedigung der Bedürfnisse die Grundlage für die Preise bilden.

20 *Es gibt sogar diese Definition:* Derartiges wird vom Gesichtspunkt des antisozialen Selbstversorgerstandpunktes aus behauptet. Dieser egoistische Anspruch ignoriert das aller Wirtschaft zugrundeliegende gesellschaftliche Prinzip der Arbeitsteilung.

22 *In der geschichtlichen Methode nenne ich das die symptomatologische Betrachtung:* Grundlegend für eine solche Betrachtungsweise sind die Vorträge «Geschichtliche Symptomatologie», GA Bibl.-Nr. 185.

25 *Insofern das Kapitel Rentencharakter trägt:* Die Bereicherung des Staates durch Geldentwertung trägt Rentencharakter. Um dies zu verstehen, muß man davon ausgehen, daß eine Rente für den Empfänger ein arbeitsloses Einkommen ist und für den Zahler derselben ein Opfer, ein Geschenk. Auf die Gesamtvolkswirtschaft übertragen, ergibt sich im Falle der Geldentwertung, daß der Staat die Beamten mit einem staatlich geschaffenen Geld bezahlt, seine Schulden mit eben diesem Geld zurückbezahlt usw. Insofern bezieht der Staat durch den Trick der Geldentwertung eine Rente. Sie wird unfreiwillig gezahlt und steht außerhalb der Legitimität, im Gegensatz zu den Steuern, die man als legitim an den Staat gezahlte Renten bezeichnen kann.

27 *Begriff der physikalischen Arbeit:* Die Frage, wie man den Massebegriff oder den Gewichtsbegriff in die volkswirtschaftliche Betrachtungsweise einführen kann, beantwortet Rudolf Steiner im Nationalökonomischen Kurs, 10. Vortrag, S. 144ff. Es wird dort gezeigt, daß der «Gewinn» im weitesten Sinne das den volkswirtschaftlichen Prozeß antreibende Schwergewicht bildet.

31 *Ich habe das ja getan:* Siehe «Nationalökonomischer Kurs», 5. Vortrag.

32 *4. Zeile:* Störung, früher: Strömung. Sinngemäße Korrektur der Herausgeber.

34 *daß die Unterscheidung in Hand- und Kopfarbeit eigentlich nicht berechtigt ist:* Siehe «Nationalökonomischer Kurs», 2. Vortrag, S. 32; 6. Vortrag, S. 85f.

43 *Schneiderbeispiel:* Siehe «Nationalökonomischer Kurs», 3. Vortrag, S. 44–46; 4. Vortrag, S. 51–53; 7. Vortrag, S. 101.

45 *Das kommt noch in den nächsten Tagen zur Behandlung:* Siehe «Nationalökonomischer Kurs», 13. Vortrag.

56 *marxistische Theorie:* Siehe «Nationalökonomischer Kurs», 2. Vortrag, S. 31. In der materialistischen Erklärung der Arbeit durch Marx ist diese durch den physischen Substanzverbrauch definiert. Das bezeichnet Rudolf Steiner als einen «kolossalen Unsinn».

57 *Beispiel vom Arzt und Schuhmacher:* Im «Nationalökonomischen Kurs», 6. Vortrag, S. 86. In die Zukunft hinein ist der geistig Arbeitende der Produzierende, aber der Vergangenheit gegenüber der Konsumierende.

61 *Unterkonsum:* Mit diesem Ausdruck bezeichnet die nationalökonomische Wissenschaft nur das Zurückbleiben der Nachfrage nach den Konsumgütern. Bei der Verkonsumierung von Produktionsmitteln spricht sie von reproduktivem Konsum, wofür Rudolf Steiner unter dem Gesichtspunkt der Entwertung der Produktionsmittel das Wort «Unterkonsum» verwendet.

63 *Valuta:* Vgl. «Nationalökonomischer Kurs», 1. Vortrag, S. 14f., 21; 11. Vortrag, S. 162f.; 14. Vortrag, S. 209ff.

74 *Naturprodukt – Arbeit – Kapital:* Siehe «Nationalökonomischer Kurs», 7. Vortrag, S. 106. In der 4. Auflage, Dornach 1965, wurden die Zeichnungen 4 und 5 versehentlich vertauscht. Zu Seite 106 gehört die Zeichnung 4, dort auf Seite 88. In der 5. Auflage, Dornach 1979, wurde eine entsprechende Korrektur vorgenommen.

75 *in welcher Weise man ... die Lohnfrage behandelt:* Siehe «Nationalökonomischer Kurs», 7. Vortrag, S. 96ff.

77 *Foerstersche Dinge:* Anspielung auf die moralphilosophischen Schriften von Friedrich Wilhelm Foerster, u.a. «Politik, Ethik und politische Pädagogik», 1909; «Autorität und Freiheit», verschiedene Aufl. Vgl. «Nationalökonomischer Kurs», 10. Vortrag, S. 153.

78 *Jubeljahr:* Nach dem Mosaischen Gesetz war jedes 7. Jahr ein Sabbathjahr, in dem das Land brach liegen mußte. Nach Ablauf von 7 Sabathjahren, also nach 49 Jahren, wurde der Anbruch des 50. Jahres jeweils durch Posaunen (hebr. jobel = Widderhorn, Posaune) verkündet. Siehe 3. Mos. 25,8–16, 23–55; 27,16ff.; 4. Mos. 36,4. Im Jubeljahr wurden alle Schulden erlassen, alle hebräischen Knechte freigelassen und veräußerte Grundstücke außerhalb der Städte an den ursprünglichen Besitzer zurückgegeben. – Abweichend von der hier angegebenen Spanne von 70 Jahren begründet Rudolf Steiner an anderer Stelle den alttestamentlichen Rhythmus von 49 bzw. 50 Jahren mit dem Bestehen kosmisch-menschlicher Zusammenhänge; siehe hierzu «Das Rätsel des Menschen. Die geistigen Hintergründe der menschlichen Geschichte», GA Bibl.-Nr. 170, 2. Vortrag.

79 *Preisformel:* Siehe «Nationalökonomischer Kurs», 8. Vortrag.

81 *was ich gestern beschrieben habe:* Siehe «Nationalökonomischer Kurs», 12. Vortrag.

85 *wie England heute:* Vgl. «Nationalökonomischer Kurs», 1. Vortrag, S. 10–13; 9. Vortrag, S. 133ff.; 11. Vortrag, S. 159f.

87 *staatlich-juristischer «Organismus»:* Im allgemeinen spricht Rudolf Steiner dem Rechts- und Staatsleben den Charakter eines Organismus ab. Es besitzt nur die Gestalt eines organisierten Ordnungsgefüges. Für das eigene Wesen desselben gibt es keinen präzisen Ausdruck; man kann diesen mechanisierten Organismus des Rechts- und Staatslebens einen Pseudoorganismus oder nur im übertragenen Sinne kurz einen Organismus nennen.

88 *die Gleichung $O = g \cdot O$:* Sie stellt einen Grenzfall dar für den Fall, daß eine Ware nach ihrer Herstellung nicht sogleich in die Zirkulation übergeht, sondern unmittelbar nach der Fertigstellung an einen Käufer abgegeben wird. Der Verkauf ist der Endpunkt eines zirkulatorischen Weges, der mit einer gewissen Geschwindigkeit durchlaufen wird. Letztere wird aus den Gewinnimpulsen der Fabrikanten und Händler aus Gründen der Arbeitsteilung bewirkt. Fällt bei einer Ware diese Zirkulationszeit aus, dann gibt es keinen Gewinn, denn es wird die Ware ohne Produktionsumwege hergestellt und ohne Dazwischentreten eines Händlers unmittelbar abgesetzt.

PERSONENREGISTER
für Band I (Kurs) und Band II (Seminar)

Brentano, Lujo (1844–1931), Volkswirtschafter, I: 12, 39; II: 11, 29

Disraeli, Benjamin (1804–1881), Lord of Beaconsfield, englischer Staatsmann und Schriftsteller
I: 12

Edison, Thomas Alva (1847–1931), amerikanischer Erfinder
II: 70f.

Foerster, Friedrich Wilhelm (1869–1966), Pädagoge, Pazifist
I: 153; II: 77

Goethe, Johann Wolfgang von (1749–1832)
II: 17 (Urpflanze), 39 (volkswirtschaftliche Anschauungen)

Gwinner, Arthur von (1856–1931), Bankier
I: 131

Hilferding, Rudolf (1877–1941), Politiker und sozialistischer Finanztheoretiker
I: 139

Hume, David (1711–1776), englischer Philosoph
I: 160

Justinian I. (527–565), byzantinischer Kaiser
II: 10

Karl der Kahle (823–877), römischer Kaiser, König von Frankreich
I: 169

Lasker, Eduard (1829–1884), Politiker und Schriftsteller
I: 12

Lassalle, Ferdinand (1825–1864), Begründer der ersten sozialistischen Bewegung in Deutschland
II: 10f.

Leibniz, Gottfried Wilhelm (1646–1716)
I: 87

Lykurg (gest. 324 v. Chr.)
I: 172

Marx, Karl (1818–1883)
I: 31, 136, 160; II: 9

Oppenheimer, Franz (1864–1943), Volkswirtschafter und Soziologe, «Die Siedlungsgenossenschaft», 3. Aufl. 1923; «Großgrundeigentum und soziale Frage», 2. Aufl. 1922
II: 13

Plato (427–343 v. Chr.)
I: 41f.

Rathenau, Walther (1867–1922, ermordet), Wirtschaftsführer und Politiker
II: 70

Ricardo, David (1772–1823), englischer Nationalökonom
I: 158, 160; II: 10

Richter, Eugen (1838–1906), liberaler Politiker
I: 12

Rodbertus, Johann Karl (1805–1875), Volkswirtschafter und Politiker
II: 54

Roscher, Wilhelm (1817–1894), Nationalökonom
I: 12

Schmoller, Gustav von (1838–1917), Volkswirtschafter und Historiker
I: 12

Scotus Erigena, Johannes (um 810–877), Übersetzer der Schriften des Dionysius Areopagita
I: 169

Siemens, Georg von (1839–1901), Bankier
I: 131

Smith, Adam (1723–1790), englischer Moralphilosoph und Volkswirtschafter
I: 22, 27, 110, 113, 158, 160, 192

Spann, Othmar (1878–1950), Volkswirtschafter und Soziologe
II: 39

Spengler, Oswald (1880–1936), Geschichtsphilosoph
I: 173, 197; II: 72f.

Stein, Lorenz von (1815–1890), Rechtslehrer, Nationalökonom, Soziologe
II: 63

Unruh, Conrad Max von (geb. 1842), Geh. Reg. Rat
I: 125

Wirth, Joseph (1879–1956), Politiker
II: 70

STICHWORTVERZEICHNIS

für Band I (Kurs) und Band II (Seminar)

Die in den Vorträgen bzw. Besprechungen verwendeten Leitbegriffe lassen sich teilweise schwer gegeneinander abgrenzen und überschneiden sich vielfach. Dies ist namentlich bei den Stichworten Geld und Kapital, Boden und Natur, Preis und Wert der Fall. Spezialbezeichnungen wie Bodenertrag, Bodenrente, Leihkapital, Schenkungskapital usw., sind unter die entsprechenden Hauptbegriffe, also Boden, Kapital usw., aufgenommen. Die mannigfachen Aussagen über volkswirtschaftliche Begriffsbildung, Denkmethodik sowie Unzulänglichkeit der konventionellen Volkswirtschaftslehre sind unter dem Stichwort Wirtschaftswissenschaft zu finden.

Angebot und Nachfrage I: 110–114

Arbeit I: 26–37, 53f., 62–68, 97f., 119–121, 144f., 189–198, 204–210, 213;
II: 15–18, 27, 30–33, 34–37, 50, 51–63, 85f., 88
wertbildend I: 26–37, 191f.; II: 15–18, 33, 58, 85f.
Dirigierung durch den Geist I: 32f., 36; II: 60
wandelt die Natur um I: 53f., 140, 187f.; II 59
im volkswirtschaftlichen Kreislauf I: 62–68; II: 62f.
nicht Arbeit, sondern Erzeugnis wird bezahlt I: 97f., 119f.
unökonomische Arbeitsbeschaffung I: 120f.
Arbeit im volkswirtschaftlichen und im physikalischen Sinn I: 144f.; II: 27, 34, 88
körperliche Arbeit und Arbeitsersparung I: 189–198, 204–210; II: 34
Ineinandergreifen geistiger und körperlicher Arbeit I: 192f., 210; II: 34
nicht nur wertschaffend, sondern auch wertvernichtend II: 30–32, 51–57, 60f.
Verwertung überschüssiger Arbeitszeit II: 35–37, 50
mechanische Arbeitsleistung II: 51, 54f.

Arbeit, geistige I: 32f., 36, 58–61, 85–88, 118, 127f., 167, 188–197, 210;
II: 34, 61–63, 77, 85f., 88
Modifizierung volkswirtschaftlich neutraler Arbeit durch den Geist I: 32f., 36; II: 85f. 88
geistiger Arbeiter als Schuldner I: 58–61
produktiv für die Zukunft I: 85–88, 127f.; II: 61–63
Bezahlung geistiger Fähigkeiten durch Warenwert I: 118
keine beliebige Vermehrung geistiger Arbeiter I: 167
Bewertung geistiger Arbeit, Arbeitsersparung I: 118, 188–197, 210
Kopf- und Handarbeit kein eigentlicher Gegensatz II: 34
geistig Arbeitende zu hoch oder zu niedrig bezahlt II: 77

Arbeiterschulung I: 80f.

Arbeitsteilung I: 41–50, 52, 54f., 62–66, 148; II: 42–45, 49, 59
ursprünglich instinktive Regelung I: 41–43
Entstehung und Konsequenzen I: 43–50
niemand verwendet das, was er erzeugt, für sich selbst I: 44f.; II: 59
eliminiert den Egoismus I: 46–48, 148
läßt das Kapital entstehen I: 54f.
bedingt Divisionsverhältnis von Waren- zu Geldwert I: 62–66
Ausnahmen II: 49

Assoziationen I: 79–81, 85, 94–96, 109, 110, 122f., 130, 144, 150–153, 182f., 186, 210f.; II: 15, 30, 45–47, 70, 75f., 80
haben den Kapital- und Arbeitseinsatz zu regulieren I: 79–81, 85; II: 30
soziale Ordnung soll aus ihrer Einsicht hervorgehen I: 94–96, 130
sollen sich aus dem Wirtschaftsprozeß heraus bilden I: 109, 122f.; II: 15
haben die Preisstände zu beobachten I: 110
verwirklichen Gegenseitigkeit von Mensch zu Mensch I: 150–153
haben die wertbildenden Faktoren abzuschätzen I: 144, 186
haben das Geldwesen zu regeln I: 182f., 210f.; II: 80
gliedern Stadt und Land neu II: 45–47
machen Beziehung zwischen Konsumenten und Produzenten überschaubar II: 46f.
umfassendes Urteil II: 70
ermöglichen Entstehen richtiger Löhne II: 75f.

Bankwesen I: 18f., 137f.; II: 81
unpersönlich geworden I: 18f., 137f.
Notwendigkeit getrennter Institute für Schenkungsgeld und Erzeugung neuer Waren II: 81

Belgien / Kongo I: 135

Binnenwirtschaft I: 126f., 130

Boden I: 24f., 72–78, 84, 99f., 101–109, 118, 166–168, 187–198, 207–212; II: 10, 75
Bodenpreis I: 24f.
verteuert durch niedrigen Zins I: 72f., 84
kann, sofern er Natur ist, keinen Wert haben I: 74–78, 83f.
Besitz durch Machtverhältnisse bewirkt I: 99f.
Bodenrente I: 101ff.; II: 75
Bodenwert und Miete I: 118
Grundlage der Ernährung I: 166–168
Ausgangspunkt für alles Wirtschaften I: 187
Relation zwischen Bodenproduktion und geistiger Produktion I: 187–198
Bevölkerungszahl und brauchbare Bodenfläche I: 207–209, 212f.
Begriff des Produktionsmittels auf den Boden angewendet I: 211f.
Gesetz vom sinkenden Bodenertrag nicht wirklichkeitsgemäß II: 10

Bodenreformer I: 25, 74

Brot II: 49

Burenkrieg I: 134

Demokratie I: 43f.

Deutschland I: 9–14, 76, 131, 133f., 139; II: 64–67, 70
wirtschaftliche Verhältnisse im 19. Jahrhundert im Vergleich mit England I: 9–12, 133
Gegensatz zwischen mitteleuropäischer und westlicher Wirtschaft I: 12–14
Hypothekargesetzgebung I: 76
französisches Leihkapital für Deutschland I: 131
Industrialismus I: 133f.
negative Bilanz des Kolonialismus I: 139
Valutaentwertung II: 64–67, 70

Division als Formel für den volkswirtschaftlichen Prozeß I: 62–66

Dorfwirtschaft I: 188–190, 195f.; II: 46, 84
Bewertung des Geisteslebens I: 188–190
Kompensation zwischen geistiger und Bodenarbeit I: 195f.
ursprüngliche Wirtschaftsform II: 46
wenig Gewerbekapital II: 84

Dreigliederung I: 14f., 21f., 117f., 123, 153f.; II: 15, 40, 47, 86–88
wurde nicht verstanden I: 14f., 123
Begriff des sozialen Organismus I: 21f.
Dreigliederung innerhalb des volkswirtschaftlichen Prozesses I: 117f.
Aufeinanderwirken der drei Glieder I: 153f.
in den «Kernpunkten» nur Richtlinien II: 15
Politisches entfällt im Wirtschaftlichen II: 40
aus der Gesundheit des einen Gliedes des sozialen Organismus geht die der anderen hervor II: 47
menschliche und soziale Dreigliederung II: 86–88

Egoismus I: 43, 46–48, 152–154
unschädlich, solange religiöse Impulse maßgebend waren I: 43
durch Arbeitsteilung eliminiert I: 46–48
durch Gemeinsinn aus Erkenntnis der volkswirtschaftlichen Gesetzmäßigkeiten zu überwinden I: 152–154

England I: 9–12, 76, 133, 134f., 136, 139, 159f.; II: 66, 67, 72, 85
wirtschaftliche Verhältnisse im 19. Jahrhundert im Vergleich mit Deutschland I: 9–12, 133
Kolonien I: 10, 139; II: 72
Gegensatz zur mitteleuropäischen Wirtschaft I: 12–14
Hypothekargesetzgebung I: 76
Burenkrieg, Opiumkrieg I: 134f.
Umwandlung von Handelskapital in Industriekapital I: 133, 136
erzwang Goldwährung I: 159; II: 66
Schwankungen der Getreidepreise im 15.–16. Jahrhundert II: 67
Tendenz zur Weltwirtschaft II: 85

Erbschaften I: 92f.

Ernährung I: 166–169

Forstwirtschaft I: 100f., 103, 104

Frankreich I: 131f.

Freies Geistesleben I: 88, 93–95, 188–190, 195; II: 73
Geistesarbeiter gegenüber der Vergangenheit reine Konsumenten I: 88, 93
in Bezug auf die Zukunft produktiv I: 93
befruchtender Einfluß auf halbfreies Geistesleben I: 93–95
in Italien freies Geistesleben aus der Vergangenheit I: 94
freies Geistesleben in der Dorfwirtschaft I: 188–190, 195
Geld hat im freien Geistesleben die ihm von den Nominalisten zugeschriebene Funktion II: 73

Freigeldanhänger I: 80

Geld I: 57–66, 97, 105, 116f., 124, 138, 141–143, 163–165, 171–184, 199–213; II: 12, 72f., 77–83
Ausdruck für erwirtschafteten Wert I: 57, 203
Mittel für den Geist, in den volkswirtschaftlichen Organismus einzugreifen I: 58f.
Geist bestimmt Wert des Geldes I: 63, 176
Divisionsverhältnis von Ware zu Geldwert I: 63–66
dient dem Austausch von Erzeugnissen I: 97, 173f.
Steigen und Fallen des Geldwertes I: 105
als Rechtsfaktor I: 116f.
undurchschaubare Prozesse I: 124
Zirkulation vom Menschen losgelöst I: 138
Entstehung aus der Ware I: 141–143
Notwendigkeit der Abnutzung in Äquivalenz mit den Wirtschaftsgütern I: 163–165
herkömmliche Merkmale I: 171f.
erhält seinen Wert erst durch die Zirkulation I: 172
unterschiedlicher Wert von Kaufgeld und Leihgeld I: 172–184
Leihgeld geht in Schenkungsgeld über I: 176–178
altes und junges Geld I: 179–184, 199–202; II: 77–80
Geld als Weltbuchhaltung I: 202–209; II: 81–83
Zwischenhandel mit Geld I: 203
Ausdruck für Summe der gebrauchten Produktionsmittel I: 206, 210; II: 82
Greshamsches Gesetz II: 12
Stoffgeld, Funktionsgeld II: 72f., 82f.
behält als Kaufgeld denselben Wert II: 77

Gesetze, Natur- und soziale II: 10f.

Gewinn I: 98, 119, 141f., 145f., 158; II: 88
Unternehmergewinn I: 98, 119
im Tauschakt gewinnen beide Seiten I: 141f., 145, 158
Druckwirkung des Gewinnstrebens I: 145f.
Gewinnformel II: 88

Großbazare II: 50

Gymnasium II: 22

Handel I: 50, 112–114, 136f., 157f.; II: 42–45, 50, 83f.
mittlerer Preis durch Zwischenhändler I: 50
Preisgleichung des Händlers I: 112–114
Funktion der Konkurrenz I: 136f.
Handel zwischen Privatwirtschaften I: 157f.
Arbeitsteilung zwischen Händlern und Produzenten II: 42–45
Händlerzahl muß reguliert werden II: 50
Handelskapital zuerst entstanden II: 83f.

Handwerk I: 100, 102; II: 84
Anteil an der Preisbildung I: 100, 102
Handwerker in der Dorfwirtschaft II: 84

Hypotheken I: 72f., 76, 95

Imagination, volkswirtschaftliche II: 12

Imperialismus I: 138f.

Indien I: 10, 13; II: 85

Industrialismus, Industrie I: 133–135; II: 45, 73
Rohstoffquellen und Märkte I: 133–135
Verhältnis zur Landwirtschaft II: 45
Geld hat in der Industrie die ihm von den Nominalisten zugeschriebene Funktion II: 73

Inspiration, volkswirtschaftliche II: 16–18, 21–23

Italien I: 94

Jubeljahr II: 78f.

Kapital I: 19, 26f., 33, 36, 49f., 54–65, 67f., 71–78, 91, 102f., 106, 129f., 130–139, 140, 146, 168f., 172, 176; II: 14, 24–26, 75, 83f.
Kapitalmassen nicht mehr vom Menschen abhängig I: 19, 137f.
Produktionsfaktor I: 26f.
äußerer Ausdruck des Geistes I: 33, 36, 56–58, 67f., 172
moderne Kapitalisten sind volkswirtschaftlich Händler I: 49f.
Entstehung in Zusammenhang mit Arbeitsteilung I: 54f.
Emanzipation von Naturgrundlage und Arbeit I: 55f.
Leihkapital I: 54–60, 72f., 90, 102f.
Kapital im volkswirtschaftlichen Kreislauf I: 67f.
Stauung durch Fixierung an den Boden I: 72–78, 106, 168f.
Notwendigkeit des Kapitalverbrauchs I: 76–78, 106, 176
Stufenfolge der Produktivität von Schenkungs-, Leih- und Handelskapital I: 129f.
Handels-, Leih- und Industriekapital I: 130–139, 140
Saugwirkung des Leihkapitals I: 146
Schenkungskapital I: 168f.
Definitionen des Kapitals II: 14
Rentenkapital, Unternehmerkapital II: 24–26, 75
Handelskapital zuerst entstanden II: 83f.

Kauf und Verkauf I: 23, 33f., 89f., 141–146
wichtigster Vorgang innerhalb der Zirkulation I: 23
Austausch von Werten I: 33f., 89f.
beide Seiten gewinnen I: 141–146

Kernpunkte der sozialen Frage, Die I: 79, 82, 91, 95, 153, 200, 211; II: 9, 15, 74

Kolonien I: 10, 139, 159; II: 72
entscheidend für englische Volkswirtschaft I: 10, 159; II: 72
Kolonisieren und Entkolonisieren I: 139

Kommende Tag, Der II: 45f.

Konsumenten, Konsumtion I: 69f., 70, 85–89, 113f., 165, 210
Aufbrauchen von Werten I: 69f.
Spannung zwischen Produktion und Konsumtion I: 70

geistige Arbeiter im Hinblick auf die Vergangenheit Konsumenten I: 85–88
reine Konsumenten I: 89
Preisgleichung der Konsumenten I: 113f.
Konsum im geschlossenen Wirtschaftsgebiet I: 165
Warenbewertung durch Konsumenten I: 210

Kredit I: 71–76, 132f.; II: 64, 69f.
Personalkredit, Realkredit I: 71–76
Autoritätsglauben in der Kreditgebung I: 132f.
Kreditschädigung, eine Ursache der Valutaentwertung II: 64
Europa für die Vereinigten Staaten nicht kreditwürdig II: 69f.

Kriegsindustrie II: 53f.

Landwirtschaft I: 18f., 100–105, 125f.; II: 42, 45, 48f., 73
Randgebiet der Wirtschaftslehre I: 18f.
Einfluß auf Preistendenz I: 100f., 103
Selbstversorger I: 101, 105; II: 42, 45, 48
scheinbarer Verlust beim Roggen I: 125f.
Verhältnis zur Industrie II: 45
in landwirtschaftlichen Zusammenhängen hat das Geld die ihm von den Metallisten zugeschriebene Funktion II: 73

Leihen I: 58–63, 90f.; siehe auch: Kapital

Liberalismus I: 11, 156; II: 11
Heraufkommen in Deutschland I: 11
Unfreiheit des Geisteslebens I: 156
Abkehr von der rein liberalistischen Anschauung II: 11

Lohn I: 48, 96–99, 119f., 170f; II: 10f., 75f.
Lohnempfänger als Selbstversorger I: 48
Lohnarbeit, fingierter Kauf I: 96–99, 170f.
ehernes Lohngesetz II: 10f.
höhere Löhne, Scheinlösung II: 75f.

Marxismus I: 26f., 31, 85, 98, 119, 191, 192; II: 35, 56
Scheingründe für Mehrwert I: 26f., 98, 119
falsches Äquivalent zwischen Arbeit und menschlichem Organismus I: 31
indischer Buchhalter I: 85
Kapital als kristallisierte Arbeit I: 191
Arbeit verleiht den Dingen Wert I: 192
nutzlos aufgewendete Arbeit II: 35
nicht möglich, Vorgänge im Menschen in die Volkswirtschaft einzubeziehen II: 56

Mehrwert siehe: Marxismus

Merkantilisten I: 158; II: 9f.

Merowingerreich I: 156

Metallisten II: 73, 82

Methode, Methodologie siehe: Wirtschaftswissenschaft

Moral I: 78, 123, 153; II: 70, 73

Natur I: 26ff., 53–65, 67, 106, 140, 172, 187ff., 205; siehe auch: Boden
Umwandlung durch Arbeit I: 26ff., 67, 106, 187ff.
Emanzipation des Kapitals von der Naturgrundlage I: 56
Naturprodukt als solches hat noch keinen Wert I: 29f., 53–65, 140, 172, 187
alle wirtschaftliche Leistung geht auf die Natur zurück I: 205f.

Nominalisten II: 73, 82

Opiumkrieg I: 35

Österreich II: 24f., 64–66, 69, 70
Valutaentwertung II: 24f., 64–66, 70
Zerstückelung II: 69

Parlament II: 87f.

Patente I: 118

Physiokraten I: 165f.

Politik II: 40–42, 84f.; siehe auch: Staat
Begriff des Politischen fällt in der Dreigliederung fort II: 40–42
retardierender Einfluß auf die Weltwirtschaft II: 84f.

Preis I: 23–37, 39, 48–50, 79–81, 82f., 96–105, 108f., 110–114, 125f., 170–184, 201–213; II: 45, 77; siehe auch: Wert
wichtigster volkswirtschaftlicher Begriff I: 23ff.
Preisschwankungen I: 24
entsteht im Austausch von Werten I: 34–37
verteuernde und verbilligende Tendenzen, mittlerer Preis I: 39, 48–50
Regulierung durch Assoziationen I: 79–81; II: 45
Preisformel I: 82f.
Fälschung des Preises infolge der Machtverhältnisse im Bodenbesitz I: 99f.
Steigen und Sinken der Preise I: 100–105, 108f., 110, 201
Drei Preisgleichungen I: 112–114
Roggenpreis I: 125f.
Hintergründe der Preisbildung I: 170–184, 201–213
erträgliche gegenseitige Preise II: 77

Privatwirtschaft I: 156–161; siehe auch: Landwirtschaft
soziale Struktur I: 156
Übergang zur Volks- bzw. Staatswirtschaft I: 158ff.
Vorteil durch Zusammenschluß: I: 161

Produktionsmittel I: 91, 107f., 204–211; II: 74f.
Werte gehen durch Schenkung in Produktionsmittel über I: 91; II: 74f., 80, 82
vom Geist erfaßte Natur I: 107, 211
Verbindung zwischen Produktionsmittel und Arbeit I: 107f.
an das Produktionsmittel gebundene physische Arbeit und geistige Leistung I: 204ff.
bleibt Ware bis zum Moment des Produzierens II: 74
Summe der brauchbaren Produktionsmittel als Währungsgrundlage II: 80, 82

Produzentenzahl II: 46ff., 50

Recht, Rechtsleben I: 42f., 99f., 116–118, 154; II: 47
Heraussonderung aus religiösen Organisationen I: 42f.
Hineinspielen in den volkswirtschaftlichen Prozeß I: 99f., 116–118, 154
Dezentralisation des Rechtslebens II: 47

Rente I: 36; II: 24f., 53f.; siehe auch: Boden
Naturwert manifestiert sich in Rentenbildung I: 36
im volkswirtschaftlichen Prozeß enthaltene Rente vom Staat aufgesaugt I: 24f.
bedingte Rechtfertigung des Rentenverbrauchs II: 53f.

Römer II: 9, 62
Eigentumsbegriff II: 9
Brot und Spiele II: 62

Rußland I: 157; II: 64, 67f.
Staatliche Bevormundung I: 157
Valutaentwertung II: 64, 67f.

Schenkung I: 89–93, 95, 99f., 127–130, 153, 168f., 176f., 181; II: 58f., 62f., 69; siehe auch Geld, Kapital
Zahlen – Leihen – Schenken I: 89–93
freie Geistesarbeit und Schenkungen I: 95
Zwangsschenkung infolge der Machtverhältnisse im Bodenbesitz I: 99f.
das Fruchtbarste im volkswirtschaftlichen Prozeß I: 127–130
nach Fähigkeiten I: 153
zur Verhinderung von Kapitalstauung I: 168f.
für Erziehung und Stiftungen I: 176f., 181; II: 58f.
entwertende Funktion II: 62f.
Anleihen als Schenkung II: 69

Schneiderproblem I: 44–46, 47f., 51–53, 66; II: 42–45, 48

Schweiz II: 84f.

Seltenheit I: 71, 163f.; II: 85f., 88f.
als solche kein wertebildender Faktor. Diamant in der Krone von England I: 71, 163f.; II: 85f.
löst sich in den volkswirtschaftlichen Geistbegriff auf II: 86, 88f.

Sklavenwirtschaft I: 173

Soziale Frage I: 170

Spekulation I: 32, 185f.; II: 64f.
bringt Arbeit in bestimmte Richtung I: 32
beeinflußt Wertbildung I: 185f.
trägt zur Valutaentwertung bei II: 64

Staat I: 80, 134–136, 157, 159, 182; II: 24f., 81; siehe auch: Politik
darf nicht Arbeitseinsatz regeln I: 80
maskiert Machtpolitik als Recht 134–136
bläht sich auf I: 157, 159
verursacht Wertkonfusion I: 82
rentenbildende Wirkung der Inflation für den Staat II: 24f.
muß aus dem Geldwesen ausgeschaltet werden II: 81

Statistik II: 21f., 23f.

Steuer I: 181

Tauschhandel I: 89, 124, 142f.

Theosophie und soziale Frage I: 40–47
unter dem Titel «Geisteswissenschaft und soziale Frage» in «Luzifer-Gnosis. Gesammelte Aufsätze 1903–1908», GA Bibl.-Nr. 34, erschienen; Einzelausgabe (drei Aufsätze), Dornach 1977.

Unternehmer I: 98, 102, 105, 107f., 114, 119; II: 11, 75; siehe auch Kapital, Produktion, Produzentenzahl
Unternehmergewinn I: 98, 119
Tendenz, das Kapital zu entwerten I: 102
Hineinspielen des freien Willens I: 105
Unternehmerkapital I: 107f.; II: 75
Preisgleichung des Unternehmers I: 114
hätten sie freie Hand, würde das eherne Lohngesetz gelten II: 11

Valutaentwertung I: 14f., 21; II: 24, 64–68, 70; siehe auch Geld, Währung
würde durch Dreigliederung verhindert I: 14f.
bewirkt Umschichtung der Menschen I: 21
bestimmt durch alte Staatsbegrenzung I: 21
rentenbildende Wirkung für den Staat II: 24f.
verschiedene Ursachen II: 64–68
tiefste Ursache geht auf moralische Zusammenhänge zurück II: 70

Vereinigte Staaten I: 135; II: 69f., 85
Annexion der spanischen Besitzungen I: 135
könnten Europa helfen II: 69f.
Tendenz zur Volkswirtschaft im Gegensatz zur Weltwirtschaft II: 85

Währung I: 159, 210f.; II: 66, 80–83; siehe auch Geld, Valutaentwertung
Goldwährung durch England erzwungen I: 159; II: 66
statt Goldwährung Naturwährung I: 210f.
Goldwährung nicht notwendig II: 81–83
Summe der brauchbaren Produktionsmittel als Grundlage II: 80, 82

Ware I: 63–66, 72, 84, 108, 163–165, 174f., 202f.; II: 74
billiger durch niedrigen Zins I: 72, 84
Divisionsverhältnis von Ware zu Geldwert I: 63–66
Entstehung im volkswirtschaftlichen Prozeß I: 108
fehlende Äquivalenz zwischen Waren- und Geldwert I: 163–165, 174f., 202f.
Dauergüter I: 163f.
Produktionsmittel Ware bis zum Moment des Produzierens II: 74

Weltkrieg I: 13f., 155, 162; II: 66, 67
Ergebnis der Gegensätze zwischen England und Mitteleuropa I: 13f.
lange Dauer als unmöglich hingestellt I: 155, 162
Geldnot in Deutschland erst nach dem Kriege akut II: 66
Anachronismus, so zu reden wie vor 1914 II: 67

Weltwirtschaft I: 13f., 22, 159–163, 167f., 170, 179, 202–209; II: 68f., 71f., 81–83, 84f.
Gegensatz zwischen Westen und Mitteleuropa I: 13f.
Staaten nicht Organismen, sondern Zellen I: 22
England dominierend I: 159
vom Weltverkehr zur Weltwirtschaft I: 160, 170; II: 71f.
frühere volkswirtschaftliche Begriffe nicht anwendbar I: 161–163
in sich geschlossen I: 163, 179
Unterschied zur Volkswirtschaft I: 167f.
Geld als Weltbuchhaltung I: 202–209; II: 81–83
vor dem Krieg in hohem Grad verwirklicht II: 68
Störung durch politische Intentionen II: 84f.

Wert I: 28–37, 70–76, 97, 106, 185f., 204; II: 18, 30–33, 51–57; siehe auch Preis
entsteht durch Umwandlung des Naturproduktes durch Arbeit I: 28–37, 106, 204; II: 18, 33
im Kauf und Verkauf Austausch von Werten, nicht von Gütern I: 33–37, 97
Entwertung und wertbildende Spannung I: 70f.; II: 30–32, 51–57
Scheinwert durch Kapitalbindung an den Boden I: 72–76
Umlagerung von Werten durch Spekulation I: 185f.
Kriegsindustrie zerstört Werte II: 53

Wirtschaftswissenschaft I: 15–22, 25–37, 38–40, 53, 65f., 91f., 110ff., 149–154, 155, 197f., 199–202, 211, 213; II: 9, 11–20, 34–39
bewegliche Begriffe statt Definitionen I: 15–22, 27, 38, 53, 65f.; II: 14, 19f., 34
Analogie mit physikalischem Spektrum I: 17–19, 36
Versagen der konventionellen Volkswirtschaftslehre I: 25ff., 36, 91f., 110ff., 155; II: 9, 14
sowohl theoretisch wie praktisch I: 39f.
bildhafte Vorstellungen I: 149–154, 199f., 211, 213
biologische Analogien I: 151f., 154; II: 34–39
partielles und totales Denken I: 197f.; II: 20
weder rein induktive noch deduktive, sondern charakterisierende Methode II: 11–17, 19f.
rekurrierende Methode II: 18f.
Begriff der wirtschaftlichen Handlung II: 28–32
«Anerkennung» keine volkswirtschaftliche Kategorie II: 28, 40
Notwendigkeit einer Methodologie II: 29

Zahlen – Leihen – Schenken I: 89–91, 128; siehe auch Geld, Kapital

Zahlungsbilanz II: 65f.

Zins I: 72f., 84f., 95, 146–148, 200
sinkender Zinsfuß verbilligt Ware, verteuert Boden I: 72f., 84f.
hundert Prozent für Bodenbeleihung I: 84f., 95
Ersatz für Gegenseitigkeit im Leihen I: 146–148
bis zu einem gewissen Grad notwendig I: 200

Zollschranken II: 68

ANHANG

INHALTSÜBERSICHT
zum Band I
NATIONALÖKONOMISCHER KURS

Erster Vortrag, Dornach, 24. Juli 1922:

Die Nationalökonomie ist entstanden, als das moderne Wirtschaftsleben schon sehr kompliziert war. Drei Perioden desselben. Im ersten Drittel des 19. Jh. in England instinktive Handelsverhältnisse, im zweiten Drittel in Deutschland bewußt gestaltete Industriewirtschaft, im dritten Drittel staatliche Periode. – Gegensatz von England und Deutschland. Dreigliederung die Lösung. – Methode der Nationalökonomie: ponderable und imponderable Begriffe. Das Wirtschaftsleben zwischen Natur und Kapital. Ideen der Volkswirtschaft müssen lebendig sein. Eingriff der Staatsgrenzen in das Wirtschaftsleben. Die Erde als Wirtschaftsorganismus bzw. sozialer Organismus.

Zweiter Vortrag, 25. Juli 1922:

Die Preisbildung aus Kauf und Verkauf ist nicht mit scharf konturierten Begriffen zu fassen. Die drei Produktionsfaktoren: Natur, Arbeit, Kapital. Wesen der Arbeit im volkswirtschaftlichen Sinne: Natur modifiziert durch Arbeit: Wertbildung I. Die Arbeit modifiziert durch den Geist: Wertbildung II. Das Konstante hinter den fluktuierenden Werten. Polarität von Natur und Kapital.

Dritter Vortrag, 26. Juli 1922:

Volkswirtschaftswissenschaft ist eine theoretische und praktische Wissenschaft. Eingliederung der Arbeit in das soziale Leben. Emanzipation von Recht und Arbeit. Streben nach Demokratie und Arbeitsteilung. Antiegoistische und verbilligende Funktion der Arbeitsteilung. Schneider-Beispiel. Der objektive Altruismus in der wirtschaftlichen Arbeitsteilung. Frage: wie bringen wir aus dem volkswirtschaftlichen Prozeß heraus die Arbeit als Erwerb. Der Lohnarbeiter als Selbstversorger. Verteuernde Tendenz der Arbeit an der Natur und verbilligende Tendenz durch die mit dem Kapital Arbeitenden. Mittlerer Preis durch Zwischenhändler. Der Kapitalist als Händler.

Vierter Vortrag, 27. Juli 1922:

Nochmals das Schneider-Beispiel. Die Entstehung des Kapitals durch die Arbeitsteilung, Wagen-Beispiel. Kapital 1. Stufe durch Emanzipation von der Natur. Kapital 2. Stufe durch Emanzipation von der Arbeit. Geldwirtschaft und Geldkapital. Geld als realisierter Geist. Leihkapital als zweite Etappe des Kapitalprozesses. Arbeitsteilung ein Divisionsverhältnis von Waren zu Geldwert. Der Naturwert wird geteilt durch die vom Geist erfaßte Arbeit. Die volkswirtschaftliche Methode: inneres Anschauen der Prozesse.

Fünfter Vortrag, 28. Juli 1922:

Der volkswirtschaftliche Prozeß als Kreislauf: Wertaufbau – Wertabbau. Entwertung und wertbildende Spannungen durch die Konsumtion. Personalkredit und Realkredit, ersterer verbilligt, letzterer verteuert. Stauung des Kapitals in Grund und Boden, dadurch Entstehung von Scheinwerten. Notwendigkeit des Kapitalverbrauchs bis auf einen Rest als «Saat». Assoziationen müssen den volkswirtschaftlichen Prozeß regeln durch richtige Verteilung der arbeitenden Menschen. Der Preis hängt von der Menge der Arbeiter auf einem bestimmten Felde ab.

Sechster Vortrag, 29. Juli 1922:

Die Formel des «richtigen Preises». Hohe Zinsen verteuern den Warenprozeß und verbilligen den Boden. Geistige Arbeit ist in bezug auf die Vergangenheit unproduktiv, konsumierend; in bezug auf die Zukunft produktiv. Notwendigkeit der «reinen Konsumenten». Zahlen, Leihen, Schenken als notwendige Begriffe für eine gesunde Volkswirtschaft. Freies und halbfreies Geistesleben – Geistesleben und Wirtschaftsleben. Assoziationen zur Regulierung der Schenkungen.

Siebenter Vortrag, 30. Juli 1922:

Die drei volkswirtschaftlichen Bewegungsfaktoren: Schenkung, Kauf und Leihung – die drei Ruhefaktoren: Arbeit, Boden und Kapital. Wert entsteht in der Volkswirtschaft nur im Austausch der Erzeugnisse. Das Lohnverhältnis als ein Kaufverhältnis. Der Bodenpreis wird bewirkt durch Machtverhältnisse, dadurch Preisgefälle von der Bodenproduktion zur Industrieproduktion. Eigene Tendenz zur Bodenrente, da in der Landwirtschaft mit Recht das Selbstversorgerprinzip herrscht. Tendenz der Unternehmer, Kapital zu entwerten. Soziale Spannungen durch die steigenden Preistendenzen landwirtschaftlicher Erzeugnisse und die sinkenden Preistendenzen der aus freiem menschlichen Willen entstehenden Erzeugnisse. Die gegenläufige Bewegung im volkswirtschaftlichen Kreislauf: Vom Produktionsmittel zum Unternehmerkapital und andererseits zur Ware. Assoziationen, um die Störungen im volkswirtschaftlichen Prozeß möglichst auszugleichen.

Achter Vortrag, 31. Juli 1922:

Korrektur einiger volkswirtschaftlicher Begriffe. Angebot und Nachfrage sind Begriffe, «die sich selbst in die Luft sprengen». Die drei Preisgleichungen. Auf dem Markt wird das Geld zu einem Rechtsfaktor. Reale Unmöglichkeiten heute: Austausch zwischen Rechten und Waren, zwischen Fähigkeiten und Rechten. «Mehrwert» ein moralischer, kein volkswirtschaftlicher Begriff. Reale Urteile über den volkswirtschaftlichen Prozeß sind nicht theoretisch, sondern nur durch Assoziationen möglich. Das Geld ist nicht vom Tausch aus zu verstehen. Vielmehr: Tauschwirtschaft – Geldwirtschaft – Fähigkeitenwirtschaft.

Neunter Vortrag, 1. August 1922:

Mittelbare Wertgrößen in den volkswirtschaftlichen Verhältnissen. Kuppelprodukte, Roggenpreis, Leistung des Arztes. Binnenwirtschaft. Dreifache Produktivität der Kapitalumlagerungen durch Kaufen, Leihen, Schenken – letzteres am produktivsten. Handelskapital in England – Leihkapital in Frankreich – Industriekapital in Deutschland. Die dahinter stehenden menschlichen Eigenschaften. Bankwesen, in ihm ist Geldwirtschaft ohne natürliches Subjekt; eine entpersönlichte Geldzirkulation, ein «objektloser Imperialismus».

Zehnter Vortrag, 2. August 1922:

Der volkswirtschaftliche Gewinn. Im Tauschakt gewinnen beide Seiten. Entstehung des Geldes aus der Ware. Druckwirkung und Saugwirkung im volkswirtschaftlichen Prozeß. Die Gegenseitigkeit im volkswirtschaftlichen Prozeß. Zins. Er entsteht durch Verzicht auf Gegenseitigkeit im Leihen, welches durch Wiederleihen rechtmäßig vergolten wird. Methodisch: den volkswirtschaftlichen Prozeß in Bildern erfassen. Empfundene Erfahrungen. «Selbsttätige Vernunft» und «objektiver Gemeinsinn» durch Assoziationen. Er steht oberhalb der persönlichen Interessen. Objektive Selbstlosigkeit anstelle von subjektiver Moral. Das Wirtschaftsleben zwischen Rechtsleben und Geistesleben.

Elfter Vortrag, 3. August 1922:

Entwicklung des Wirtschaftslebens von der ländlichen Privatwirtschaft her über die Volkswirtschaft zum Weltverkehr und zur Weltwirtschaft. Hemmung durch die Staatswirtschaft. England als führende Wirtschaftsmacht. Das wirtschaftliche Denken kam nicht nach. Weltwirtschaftliches Denken. Das «geschlossene Wirtschaftsgebiet» ist das Kardinalproblem der Wirtschaftswissenschaft. – Bedeutung der Lebensdauer der Wirtschaftsgüter. Das Geld nutzt sich nicht ab im Verhältnis zur Ware. – Das Verhältnis der Menschen, die «Ernährung suchen», zu denen, die «Ernährung bieten». Notwendigkeit von Schenkungen im geschlossenen Wirtschaftsgebiet. Die große volkswirtschaftliche Frage: welche Art von Zahlung muß erstrebt werden, damit im geistigen Gebiet das an Werten verschwindet, was im materiellen Gebiet an Ernährungswerten geschaffen wird?

Zwölfter Vortrag, 4. August 1922:

Was hinter der Preisbildung wirkt: das Objektive im Subjektiven. Das Geld und seine herkömmlichen Merkmale. Als Kaufgeld vermittelt es den Tausch. Es entsteht aus der Ware, aber es ist ein unreeller Konkurrent der Ware. Als Leihgeld (Unternehmergeld) empfängt es seinen Wert durch den menschlichen Geist. Als Schenkungsgeld wird es für Erziehung oder als Stiftung ausgegeben und vor einer Kapitalisierung im Grund und Boden bewahrt. Übergang von Leihgeld in Schenkgeld. Metamorphosen des volkswirtschaftlichen Geldwertes in der Zirkulation. Altwerden und Sterben des Geldes. Altgeld als Schenkgeld. Assoziative Vermittlung von Leihen und Schenken. Zähmung des Geldes durch Assoziation. Der Ausgleich zwischen Kaufgeld, Leihgeld, Schenkgeld. Geldschöpfung durch eine Assoziation.

Dreizehnter Vortrag, 5. August 1922:

Über den volkswirtschaftlichen Wert der geistigen Leistungen. Der Sammler von Autogrammen. Der Ausgangspunkt für alles Wirtschaften: die Bearbeitung von Grund und Boden. Beispiel der geschlossenen Dorfwirtschaft mit den Geistesarbeitern. Bewertung der geistigen Leistung nach der Arbeit, die sie erspart. Der Streit zwischen körperlicher Arbeit und Arbeitsersparung. Das Herunterbewerten der körperlichen Arbeit im Verhältnis zur geistigen. Die Verhältnismäßigkeit von Bodenproduktion und geistiger Produktion.

Vierzehnter Vortrag, 6. August 1922:

Lebendige Bilder nicht dogmatische Begriffe in der Auseinandersetzung über Geld und Preis. Das Geld als Weltbuchhaltung. Zeichenwert und Sachwert. Das Geld ist prinzipiell das Tauschmittel. Verfälschungen durch den Zwischenhandel mit Geld. Das Geld als Anweisung. Die körperliche Arbeit an der Natur als das volkswirtschaftlich Wertbildende. Die Geldmenge als Ausdruck für die Summe der brauchbaren Produktionsmittel. Naturwährung. Begriff des Produktionsmittels. Die letzte Grundlage des Preises: das Verhältnis der Bevölkerungszahl zu der brauchbaren Bodenfläche. Statt Wahrheit, Recht und Lebenspraxis herrschen heute Phrase, Konvention und Lebensroutine. Die Volkswirtschaft als ein wirtschaftlicher Wert.

RUDOLF STEINER GESAMTAUSGABE

Gliederung nach: Rudolf Steiner – Das literarische
und künstlerische Werk. Eine bibliographische Übersicht
(Bibliographie-Nrn. *kursiv* in Klammern)

A. SCHRIFTEN

I. Werke

Goethes Naturwissenschaftliche Schriften, eingeleitet und kommentiert von R. Steiner, 5 Bände, 1884 – 97, Neuausgabe 1975 *(1a-e)*; separate Ausgabe der Einleitungen, 1925 *(1)*
Grundlinien einer Erkenntnistheorie der Goetheschen Weltanschauung, 1886 *(2)*
Wahrheit und Wissenschaft. Vorspiel einer ‹Philosophie der Freiheit›, 1892 *(3)*
Die Philosophie der Freiheit. Grundzüge einer modernen Weltanschauung, 1894 *(4)*
Friedrich Nietzsche, ein Kämpfer gegen seine Zeit, 1895 *(5)*
Goethes Weltanschauung, 1897 *(6)*
Die Mystik im Aufgange des neuzeitlichen Geisteslebens und ihr Verhältnis zur modernen Weltanschauung, 1901 *(7)*
Das Christentum als mystische Tatsache und die Mysterien des Altertums, 1902 *(8)*
Theosophie. Einführung in übersinnliche Welterkenntnis und Menschenbestimmung, 1904 *(9)*
Wie erlangt man Erkenntnisse der höheren Welten? 1904/05 *(10)*
Aus der Akasha-Chronik, 1904 – 08 *(11)*
Die Stufen der höheren Erkenntnis, 1905 – 08 *(12)*
Die Geheimwissenschaft im Umriß, 1910 *(13)*
Vier Mysteriendramen: Die Pforte der Einweihung – Die Prüfung der Seele – Der Hüter der Schwelle – Der Seelen Erwachen, 1910 – 13 *(14)*
Die geistige Führung des Menschen und der Menschheit, 1911 *(15)*
Anthroposophischer Seelenkalender, 1912 *(in 40)*
Ein Weg zur Selbsterkenntnis des Menschen, 1912 *(16)*
Die Schwelle der geistigen Welt, 1913 *(17)*
Die Rätsel der Philosophie in ihrer Geschichte als Umriß dargestellt, 1914 *(18)*
Vom Menschenrätsel, 1916 *(20)*
Von Seelenrätseln, 1917 *(21)*
Goethes Geistesart in ihrer Offenbarung durch seinen Faust und durch das Märchen von der Schlange und der Lilie, 1918 *(22)*
Die Kernpunkte der sozialen Frage in den Lebensnotwendigkeiten der Gegenwart und Zukunft, 1919 *(23)*
Aufsätze über die Dreigliederung des sozialen Organismus und zur Zeitlage 1915 – 1921 *(24)*
Kosmologie, Religion und Philosophie, 1922 *(25)*
Anthroposophische Leitsätze, 1924/25 *(26)*
Grundlegendes für eine Erweiterung der Heilkunst nach geisteswissenschaftlichen Erkenntnissen, 1925. Von Dr. R. Steiner und Dr. I. Wegman *(27)*
Mein Lebensgang, 1923 – 25 *(28)*

II. Gesammelte Aufätze

Aufsätze zur Dramaturgie 1889–1901 *(29)* – Methodische Grundlagen der Anthroposophie 1884–1901 *(30)* – Aufsätze zur Kultur- und Zeitgeschichte 1887–1901 *(31)* – Aufsätze zur Literatur 1886–1902 *(32)* – Biographien und biographische Skizzen 1894–1905 *(33)* – Aufsätze aus «Lucifer-Gnosis» 1903–1908 *(34)* – Philosophie und Anthroposophie 1904–1918 *(35)* – Aufsätze aus «Das Goetheanum» 1921–1925 *(36)*

III. Veröffentlichungen aus dem Nachlaß

Briefe – Wahrspruchworte – Bühnenbearbeitungen – Entwürfe zu den Vier Mysteriendramen 1910–1913 – Anthroposophie. Ein Fragment aus dem Jahre 1910 – Gesammelte Skizzen und Fragmente – Aus Notizbüchern und -blättern – *(38–47)*

B. DAS VORTRAGSWERK

I. Öffentliche Vorträge

Die Berliner öffentlichen Vortragsreihen, 1903/04 bis 1917/18 *(51–67)* – Öffentliche Vorträge, Vortragsreihen und Hochschulkurse an anderen Orten Europas 1906–1924 *(68–84)*

II. Vorträge vor Mitgliedern der Anthroposophischen Gesellschaft

Vorträge und Vortragszyklen allgemein-anthroposophischen Inhalts – Christologie und Evangelien-Betrachtungen – Geisteswissenschaftliche Menschenkunde – Kosmische und menschliche Geschichte – Die geistigen Hintergründe der sozialen Frage – Der Mensch in seinem Zusammenhang mit dem Kosmos – Karma-Betrachtungen – *(91–244)*
Vorträge und Schriften zur Geschichte der anthroposophischen Bewegung und der Anthroposophischen Gesellschaft *(251–263)*

III. Vorträge und Kurse zu einzelnen Lebensgebieten

Vorträge über Kunst: Allgemein-Künstlerisches – Eurythmie – Sprachgestaltung und Dramatische Kunst – Musik – Bildende Künste – Kunstgeschichte – *(271–292)* – Vorträge über Erziehung *(293–311)* – Vorträge über Medizin *(312–319)* – Vorträge über Naturwissenschaft *(320–327)* – Vorträge über das soziale Leben und die Dreigliederung des sozialen Organismus *(328–341)* – Vorträge für die Arbeiter am Goetheanumbau *(347–354)*

C. DAS KÜNSTLERISCHE WERK

Originalgetreue Wiedergaben von malerischen und graphischen Entwürfen und Skizzen Rudolf Steiners in Kunstmappen oder als Einzelblätter: Entwürfe für die Malerei des Ersten Goetheanum – Schulungsskizzen für Maler – Programmbilder für Eurythmie-Aufführungen – Eurythmieformen – Entwürfe zu den Eurythmiefiguren, u. a.

Die Bände der Rudolf Steiner Gesamtausgabe
sind innerhalb einzelner Gruppen einheitlich ausgestattet
Jeder Band ist einzeln erhältlich.